# 그늘혼

김성백

**시인의 말**

흐릿한 기척을 부여잡고 산 지
구 년째

물가에 그 비린 손을 조금
풀어놓는다.

그늘 속에서 유영하던 밤들

상흔이 있던 자리엔
온기만 남았으니

그 손을 누가 좀 잡아 줬으면 하고.

2025년 여름

김성백

# 그늘흔

**차례**

**1부 누구한테 배웠을까 낮아지는 저 기술은**

| | |
|---|---|
| 잉여숨 | 13 |
| 쪼그려 뛰기 | 15 |
| 그늘흔 | 18 |
| 살고 싶은 아이 | 20 |
| 화정 | 24 |
| 징걸이 | 27 |
| 일인용 | 30 |
| 새도복서 | 33 |
| 소파미륵 | 36 |
| 빵 나오는 시간 | 38 |
| 중고 소년 | 41 |
| 내부순환로 | 44 |
| 누생 | 47 |
| 보기 중에 없음 | 50 |

## 2부 극단에로의 전조

| | |
|---|---|
| 그레타 툰베리에게 | 55 |
| 보건증 | 58 |
| 셔틀 | 60 |
| 태권브이 | 62 |
| 꼭두 | 64 |
| 아무와 누구의 총파업 | 66 |
| 요양원 | 68 |
| 개와 기계의 나라 | 72 |
| 사바나 가설 | 76 |
| 투사에게 | 80 |
| 창문 도둑 | 82 |
| 녹슨 풀 | 86 |
| 림보의 연인 | 88 |
| 일란성 | 91 |

**3부 부서진 꽃대를 위한 변호**

| | |
|---|---|
| 10리터의 눈물 | 95 |
| 먼 등 | 97 |
| 한 닢의 女子 | 99 |
| 약달력 | 100 |
| 주소들 | 102 |
| 석태아 | 106 |
| 환승 | 108 |
| 월말 | 110 |
| 고립계 | 112 |
| 햇물 | 114 |
| 무지개를 데리고 갔다 | 115 |
| 연희삼거리 | 116 |
| 개미마을 | 118 |

**4부 빨강은 모두 연애를 한다**

| | |
|---|---|
| 눈님 | 121 |
| 일부러 사랑한 당신 | 122 |
| 삼대 유감 | 124 |
| 손잡이 | 127 |
| 귀에서 삐 하는 소리가 | 130 |
| 도자기 여인 | 132 |
| 조왕 | 135 |
| 해류병 | 138 |
| 개닛 | 140 |
| 늙숨 | 142 |
| 사랑 | 144 |
| 끝과 미안 | 146 |
| 아름다운 태풍의 생애주기 | 148 |

**해설**

그늘의 계보학 – 사라진 그림자들과 마주하기   151
―김대현(문학평론가)

# 1부
누구한테 배웠을까
낮아지는 저 기술은

# 잉여숨

장화가 떠올랐다

그 안에 몸을 송그리고 오랫동안 숨을 참는다
숨이란 안과 밖의 응어리를 녹이는 일

벌을 주기 위해 고안된 물이라는 기계 앞에서

손과 발을 잘라내도 손등과 발바닥이 가려운
둥근 죄

물에 녹은 아이가 있다
물의 의지일까 아이의 의지일까

자그르르 울음 아래로 번지는 폐허의 진격
장화가 있던 자리엔 발자국이 촛불처럼 자랐다
차마 태우지 못한 그을린 기억

사진이 액자에 녹듯

이름이 화로에 녹듯

다 식었다

지금부터는 엄마의 방학
물에 녹았던 아이는 다시 아이로 돌아갈 수 없다

조등이 꺼지자
맥박이 뛰기 시작했다

어둠의 보늬를 벗겨내는 빛의 징후
이때, 누군가 장화에 올라탄다

방향이 생겼다

세상의 모든 물은 아이가 녹은 물이다

## 쪼그려 뛰기

알람이 뚱뚱해집니다
눈을 뜨면 밀려오는 적들, 검은 공기, 빛의 아우성

나의 미래는 알루미늄 속의 스위트룸
침대 아래 고이는 전리품을 수집하지요
애인의 그림자를 씻어 현관에 널고는
모자 수첩을 가슴에 품은 채 돌격 앞으로

월요일이 올 때마다 정오의 귀를 접어 표시합니다
가계부처럼 계획적인 패잔의 톱니바퀴를

전투와 휴가의 시차를 보정하는 시계태엽 중사님은
나의 흰 등골에 윤활유를 장전하고요
호각을 불며 왼발, 왼발, 왼발, 왼발
생산 라인의 일관성을 찬양하며
통 속의 통 속의 통 속의 통

길들여지는 일 초 전의 어류와 인류

통 안에 들어갈 수 없는 조림은 없습니다

컨베이어 벨트의 속도에 맞추어 차곡차곡 쌓이는
내 집 마련의 꿈
공장은 멈추지 않아야 공장입니다

비상등 너머 휴전을 알리는 초승달이 켜지면
  사물함에서 애인을 꺼내 갈아입고 부르튼 내장에 연고를 바르지요

나보다 먼 나를 맴도는 멸균된 하루
아무리 씻어도 묻어나는 전장의 비린내
그래요, 아빠는 아무나 되는 게 아니죠

폐업 특가로 사 온 한 다발의 방부제를 반합에 풉니다

졸음 앞에 흔들리는 특근의 유혹
관등성명을 벗고 들어오시오

식물성 기름에 몸을 담그고 뚜껑을 닫는
애인아 너도 손질된 동물이니?
반지하 행진곡에 맞추어, 헤엄치며 홀로 아무는
창백한 경야經夜

## 그늘흔

소포를 열자
여름이 들어 있었다

마지막 계절에 들어선 아이는 더 두꺼워졌을까
녹아 버렸을까

그림자 없는 소년과 그림자뿐인 소년이 서로를 발굴했다
한 겹씩 벗겨낼 때마다 소리를 질렀다
유물처럼 과거에 대해서만 말했다
그해,

두 입술은 더디게 지워졌고
쌍니은을 닮아 갔다
상처는 아무는 게 아니라 노을처럼 저무는 거라고

엎질러진 얼굴을 주워 담으며 우리는
서로에게 앞자리를 양보하듯 무릎을 꿇고서

얘들아, 더 투명해져야지


거울 깊숙이 울음을 파묻는 놀이
아이는 꼬리를 잘라 그늘을 살찌웠다
여름이라는 짐승, 그 서늘한 발작

여름에서 하나씩 버리면
어른이 되지

기다림이 어두울수록 끄트머리가 헐거워지는
그늘의 실패

그날,
절반의 피조물
더 진해진 여름이 멸망하고 있었다

## 살고 싶은 아이

타임머신이 울고 있다

허공에 기대어 밤이, 간유리 속에서 걸어 나오는 밤이, 왼손잡이 밤이 꽃잎처럼 오고 있다 밤에서 밤으로 흐르는 낮의 부재
컨베이어 벨트 아래 인형들 중얼거리며 숨은 시간 찾기 놀이를 한다 토막 난 바리케이드로 향하는 골목에서

어린 스패너를 술에 담갔다
우는 기계는 제자리걸음을 언제 멈춰야 할지 모른다

아무도 일하러 오지 않는 공장은 이름마저 빼앗길까 봐 양서류 몇몇 데려다 뜀박질을 시키곤 했다 성긴 테두리를 붙잡으며 육체의 증거를 수집하며

목이 부러진 스패너, 술병 속에서
애무의 맛을 모르는 직사광선처럼 서 있다

물이 차오르고 공장은 생각한다
무방비 기계를 비밀에 부쳐야 할까

겹겹이 쌓인 질식의 밀도를 재고 있다
이 설명적인 세계에 기적 몇 개쯤 있어도 과학은 실패하지 않을 텐데

부드러운 털,

엉그름 단속에 나선 여리꾼이 처음 보는 아르바이트를 발명하는 밀실에서, 고장 난 작업일지를 프레스 아래 묻고 흐릿한 식욕을 밀어내는 안전 수칙, 이인일조, 그려진 비상 버튼

붉은 바람 불어오는 골목에서 타임머신이 헝겊처럼 울고 있다
행여 어디쯤 발목 하나 매달려 있지 않을까 서성이며

눈물에 잠긴 공장 위로 역광의 아이가 달려간다

일렁이는 결,

기계의 일이거니
골목의 일이거니

구호가 닳도록 걸개그림을 핥는 철야의 고요와 1초 전의 비대칭

줄자가 없던 시절로
기울기가 없던 시절로

목장갑이 젖었다
식은 손가락이 안개 속에서 멀미처럼 걸어 나오는
국수처럼 잘려 나가는 힘줄을
밤이 밤에 밤의 정면을

움켜쥐고서 붕괴되는 같으면서 다른 주먹

건배를 재촉하는 술잔들, 희롱한다
뚝 뚝 떨어지는 초침 소리

## 화정花井


공원 벤치에 앉아 물도 없이 삼각김밥을 먹는 여인아
파미르의 어느 호수엔 단 한 종의 물고기만 산다네
물에 빠져 죽은 택배 상자처럼
아가미는 물렁해졌어

매미 울음이 땀띠처럼 허공에 번져 트랙을 거꾸로 도는 치와와
  정서진 찍고 정남진 돌아 정동진까지 달려 볼까
  임박한 소비 기한은 원 플러스 원으로 구원되고
  한쪽으로만 돌아야 하는 세계의 규칙을 흔들어 볼까

  가로등 불빛에 익어 가는 도토리의 겨를

  하이힐에 옮겨 붙는 물기를 털어내고 감추는 방식으로 노을을 밀고 나가는,

  꽃이 우물에 빠진 날

왜 삼각은 최소한의 꺾임으로 부피를 차지해 고립을 자처했을까
전속력으로 추락하는 지구의 회전이 진심이면 좋겠어
주말을 회사에 두고 온 금요일의 얼룩도 잠시
비닐봉지 말아 쥐고 허위허위 발길 돌리는 여인아

너였다가 나였다가 전부였다가
김밥은 김에 밥이면 충분해

다이소에서 열대야를 견디며 시월을 모색하는 재촉과
가지런한 생닭이 치킨마요가 되기까지
굽실거리면서도 할 말은 다 하는 여인아

나머진 거추장스러워
혼자 사랑하다 혼자 사라지는 52헤르츠 고래처럼
울면서 웃는 꽃처럼

방 안에 차오르는 물길을 돌리려
십 리 밖에 우물을 내고 오는
별보다 먼
하늘고기 같은 여인아

# 징걸이

발목을 손목이라 부르면
발목이 손을 흔들지도 몰라

얼굴을 챙기지 못한 신출내기의 똥줄 타는 달리기와
공짜로 사통팔달 누비는 실버 여행자가 난무하는 곳
옛것이 되어 버린 신도시에는 그늘마저 조금씩 후퇴한다

소싯적, 끼임 사고로 으깨진 사내의 두 발목
셀 수 없이 손목을 그어도 불사신처럼 되살아나던 심장

공치는 날이 많아져
부모 제상에 초코파이를 올렸던 설움도 잠시
손이 무뎌져 늘어나는 실수,
구두를 집어 던지고 간 손님이 눈에 어른거려 끼니를 거른 밤
다시 태어난다면 도마뱀으로 태어나고 싶었지

맨 아래부터 잘려 나가는 변두리의 질서처럼
무너지는 사내의 반쪽과 늘어만 가는 생의 기본비용
계절은 그렇게 가죽과 굽에게 성가시다

쉬는 날 없던 구두 수선대가 어느 날 문을 닫았다
새시 문에 나부끼는

   *바다 보러 갑니다*
   *환갑 기념으로*

예수천국 불신지옥을 삼십 년째 외치는 천사와
스티커 한 장 붙이면 아이 한 명 살릴 수 있는 마법사와
수북이 쌓여 가는 지뢰
골목을 놓친 아이가 엄마를 외치는 젖은 소란들

파도에 얼룩지는 징걸이

모래 속으로

고쳐 쓸 수 없었던 제 발목이 성큼성큼 돌아오는 꿈 뒤로
사내는 멀어지는 수평선을 본다

푸른 이별을 복습하면서
계절이 없는 곳에서

## 일인용

구름이 장마를 처음 발명했을 때
그 많은 물기는 한 사람의 몸에서 나왔다죠
꿈인 듯 차오르는 태곳적 눈물을 어쩌나

어떤 이별은 난간에 매달린 실외기 같아서
해마다 유월이면 우-우-웅 울 테죠
더운 김을 뿜으며 일회용 숨을 몰아쉬겠죠
다른 계절엔 잠자코 있다가
벽인 듯 밋밋하게 소화기처럼 얌전하게
뒤늦은 한국어를 배우면서

만지면 바스러질 것 같은 저 숯덩이가 내 자식이라니
저 말을 믿어야 할까요
왜 그림자뿐인가요
몸뚱이는 어디에 두었나요
저 아이를 어떻게 할까요
한 번 더 태울까요
그대로 박제라도 할까요

숫자놀이를 좋아하는 사무적인 저들은 저승사자 같군요
아랫배에 꽃 한 송이 심어 두고 잠이나 자야겠어요
깨지 않는 긴 선잠을

일용직은 하루 벌어 하루를 살아도
하루만 슬프지는 않아요
내 남은 삶은 지옥보다 어둡고 추울 테지만
어찌할까요
매달 카드값을 걱정하고 끼니마다 목구멍으로 밥이 넘어가는
궁기의 치욕을

막을 수 없었나요
말해 보세요
돌이킬 수 없는 이 형벌을

일하다 죽은 사람은 죽어서도 일을 한다던데
목소리라도 남겨 둘걸

공장은 아무렇지도 않게 다시 돌아갈 테고
비극이 끝난 것처럼 하늘은 화창한데
장마를 몸에 들인 나는

# 섀도복서

공격하지 마세요

이럴 때 나는 모래가 된 것만 같습니다
일종의 마법이죠
노래와 모래는 약간의 차이로 운명이 갈렸네요

맞는 순간 눈을 감지 말 것
맷집은 고통을 받아들이는 기술이므로 타인의 주먹과 사랑에 빠지는 일

오늘의 스파링은 돌려 막기입니다

신을 만든 인간은 신보다 위대합니다
규칙을 만든 센터장은 규칙보다 위대하고요

나는 늘 지는 편에 서 있습니다

한 번도 비행기를 타 본 적 없지만 일보 직전의 캡틴

스피킹, 완장에 목이 메어 안전화를 꿰매 신어도 탑승할
때는 발자국마저 벗어야 합니다 지금은 비상 탈출 훈련
이라서 매뉴얼에 복종합니다

   내 작업 조끼는 늘 불룩합니다 새로 나온 사탕 한 봉
지면
   하루가 즐거우니까요

   결코 올라갈 수 없는 높이로, 쫓아갈 수 없는 속도로,
최대치의 완장을 찬 마법사들이 비행운을 그리며 천국
으로 도망치고 있군요 정글을 벗어나려고

   쉼 없이 펀치를 날립니다만
   허공을 향해 저만치 그림자를 뻗는 나의 공격은
   무해합니다

   노래는 모래의 능사
   우리는 허리인 줄 알았는데 발목이었군요

노래에 베이는 모래

허리띠는 발목에 채웁니다 발아래 흥건한

도돌이표는 끝이 없고 나는 당신에게
알사탕을 하나씩 드립니다

창궐하는 나의 달달한 적들에게

## 소파미륵

15층에서 몸을 던졌다
날개를 홰치며 날아오르는 찰나

고장 난 컴퓨터 삽니다 냉장고 세탁기 에어컨 텔레비전 삽니다

일용日用이 묘용妙用이라*
쓸모를 내려놓았을 뿐

안마 의자에서 눈을 떴을 때 집구석 여기저기 수런거린다
누군가 꺼내 주지 않으면 벗어날 수 없는 몸이라는 무기징역

아직 쓸 만하다고 부품 몇 개만 갈면 짱짱하다고
억울하게 불려 나온 터줏대감들, 저승행 트럭 앞에서 이를 악문다
고철의 영혼을 값으로 환산하는 흥정의 기술

볕 드는 실외기에 누워 속세를 응시하던 미륵이
고장 난 가을 부채는 누가 안 사 가나요?

신이 난 저승사자의 목청이 산뜩하다
멀쩡한 척 몸을 푸는 오래된 콘크리트 숲
이 집 저 집 베란다에 매달린 목어들

가전제품에서 고물로 이름을 바꿔 달고 정든 집을 떠나는데
  불편하게 몸을 섞은 초면끼리 어색한 삐걱거림을 주고받으며

검기우는 노을 한 장 유언처럼 목울대에 나부낄 무렵
미륵이는 캣타워에 좌선한 채 허기경전을 읊조리고
소파에 기댄 소파는 고향집 끌어당겨
등 뒤에 병풍을 드리운다

*육잠 스님.

## 빵 나오는 시간


여인이 방을 나오는 시간은 빵들의 장례식
너는 두 개의 창문 너머로 방을 본다
부풀어 오를 대로 올라야 숨이 멎는 곡물의 뼛가루

석양이 노릇노릇 익어 갈 때면 여인은 손바닥을 우려 낸 물에 방을 헹구곤 했다
오븐 속으로 뛰어들고 싶었던 많은 밤들

저 두드러기를 모두 살 테니 당신의 세 번째 얼굴을 주시오

흙의 진절머리며
빛의 설왕설래며
물의 동안거며
불의 우격다짐 같은

빵이 있던 자리에 이름만 남았다
빵이라 불리기 이전의 빵처럼 다소곳이

여인의 세계는 팥도 계란도 이스트도 없다 여인에게는 아무것도 없다 나중엔 우유도 설탕도 밀가루도 없다 맛을 버리고 북쪽으로 날아오르는 기러기 떼에 편승해 여인은 방을 떠날 것이다 마지막 얼굴은 계산대 옆에 남겨 두고서

무에서 유가 태어나는 우연과
빈 고택에 누룩이 움틀 확률에 기대어

텅이 가득 찬 빔에서
멍이 분주한 함까지

여인이 없어도 빵은 나오고
방이 없어도 몰려드는 아랫목들은 일찌감치 누울 자리를 폈다

여인의 첫 번째 얼굴이, 지워진 얼굴이

객석에 흥건하고
여인 뒤로 소보로만 한 구멍들이 덩달아 따라 나온다

꽃상여가 능노는 무렵에
식욕들이 줄을 서는 벌건 대낮에

# 중고 소년

구구단에서 괴뢰군이 쏟아졌다

갈탄 배급이 없는 날이면 난로에 신문지를 구겨 넣고 도시락을 데우던 교실에서, 세상 모든 뉴스가 농담 같았던

나는 불광천의 아이였다
주산 2급 자격증과 태권도 빨간 띠만 있으면 짱이 되는, 우세종의 생존 방식이란 물물 교환 아니면 급소 찌르기가 전부였던

*그렇게 우리는 우리를 팔아 버렸지 게걸스럽게*

김일의 박치기가 한풀 꺾이자 세상은 컬러로 넘어갔다 TV에서 벌거벗은 공약들이 쏟아졌다 동시상영관 이층 뒷자리는 연인들로 붐볐다 지능이 모자란 막냇삼촌을 군인들이 데려갔다 나는 소피 마르소 책받침으로 딱지를 접었다 악어 한두 마리쯤 품속에 넣고 다니던 우리는 불량한 건전가요였다

간첩을 잡던 똘이장군이 백만 년 전으로 떠난 후, 소
풍도 막바지였다 양배추의 절단면 같은 표정을 하고서
웅변대회의 연사들은 목이 터져라 애국애향을 외쳤다

 중고라는 말에는 소녀가 묻어 있어서
안녕이라는 인사말에도 나는 화색이 돌았다
좋아한다고 말하면 왠지 손해 보는 기분이 들었다

 *수영과 복종은 살아가는 데 꼭 필요한 거야*
 *그런데 우리는*
 *그걸 어겼어*

 흉내 내기 좋아하고 웃음 참기 잘하던 아이들, 그때는
모두 딱지를 접었다 각진 것은 죄다 모서리로 모여들던

 하루 세 번, 세금처럼 정기적으로 지덕노체를 납부하
던 우리는 체납된 교훈이 한꺼번에 청구되는 날에는 박

카스를 복용했다 미그기 타고 넘어온 이웅평처럼 위대한 이물감에 시달렸다 입김에도 멍이 들던 일보 직전의 향토예비군, 목적어도 없이 부푸는 서술어였다

　　*우리가 다시 만난 건 백 년 만에 내린 폭우 때문이었어*
　　　*너무 절실하게 굴면 사는 게 도박 같아져*

　학교 뒷산 방공호에 깊이 묻어 둔 소련제 탱크들, 우리는 다시 조립될 수 있을까 탕진에 대한 보상으로 태어난 표창장들이 앨범 속에서 손짓하던

　불광천이 데려간 아이는 여전히 멀리 있었고
　브룩 쉴즈 브로마이드 도난 사건은 미제로 남았다

　선거철,
　응암오거리는 여전히 오거리였고 소년들은
　이미 한철이었다

## 내부순환로


이십 킬로를 내가 다 깔았지 맨주먹으로 깔았지

오십 년을 구독해 온 조간신문을 끊고 나서 그는 말했다

강남에는 없는 강북의 자부심이야 그것은
헐겁게 풀어지는 건밤을 바라만 보았지
얼마나 더 늙어야 새벽은 우리 편이 될까
베개가 길어질 때마다 아픈 사람들이 공깃돌처럼 모여들었어
강변북로 일산 방향으로 이어지는 밤의 결사
나뒹구는 여백이 일당을 계산하는 곳
가계부를 버리면 여기도 살 만한데
동부간선으로 이어지는 별자리를 받아 적으며

눈이 내렸어 나비처럼 내렸어
출근길 위에 깃들었지
블랙 아이스는 숨어 있는 잠을 깨우고

성산램프로 질주하는 배추 트럭이 요추를 갈가리 흩뿌리고는
귀갓길에 스며들었지
고속으로 달리다 보면 경계를 잃어버리곤 했어 실선과 점선의 경계, 가는 쪽과 오는 쪽의 경계, 가진 자와 못 가진 자의 경계
이 모든 것이 바퀴의 형식이고
도로는 누워만 있기 때문에 인간적이지

곡기를 끊은 할머니를 닮은 전화기
사십삼 년을 써 온 집 전화를 끊고 나서 그는 말했다

빛의 시작은 얼마나 간절하게 시작이 되려고 애쓰는지
그림자의 끝은 얼마나 치열하게 끝에서 벗어나려고 애쓰는지
짓밟히는 것은 길의 운명이라서
세계관이 부족할 때마다 도로는 수류탄처럼 출구를

펼쳐 놓았지
　재빨리 빨간불을 켜고 과속 방지턱을 세우고
　저승의 문턱을 높여 보아도

　사냥과 도망이 판치는 강북의 검은 혈관
　내부순환로에는 휴게소가 없다

　외곽순환도로처럼 겉돌던 그였다
　제 여자에게 가는 길은 일 미터조차 깔지 못한 채
　이십삼 년을 드나들었던 재활 병원을 끊고서야 그는
말했다

　소주에 삼겹살이면 막판까지 패를 돌렸지 그때 우리
는, 가시 박힌 장대비였어

　이십 세기에서 멈춰버린 그를 놔두고
　세계는 앞으로 달려갔다
　도로는 세계로 편입되었다

## 누생 漏生

삐딱한 혀가 먼저 삐져나왔다

일 막의 고라니가 정반대 표정으로 쏟아지는 일
그것을 나는 사춘기라 불렀다

악당이 모일 때를 기다려 단박에 터뜨리는 복선의 파종

눈에서 물이 새는 건
눈이 제일 약한 곳이기 때문이듯
아랫집에 물이 샌다면
윗집에서 제일 약한 곳을 찾으면 될 일

화장실 천장에서 떨어지던 물이 부엌 천장에서도 떨어진다
금에서 틈으로 틈에서 홈으로 건너가는
이 막의 세력 확장을 우리는 갱년기라 불렀다

나는 윗집으로 올라가 초인종을 누르고 불안한 관계를 시작한다
이 집의 눈은 어디 있나요
있어서는 안 될 곳에서 발견되는 물의 죄명은 무엇인가요

막이라는 말에는 지향점이 박혀 있어서 반드시 어딘가로 떠나야 한다
무릎을 부수고 가죽을 찢고
기상천외한 터닝 포인트를 찾아 얼음이 불타기를 기다리는 붕어처럼
그것은 뭐랄까, 마지막 신파일 것

조명이 꺼지면 무대 뒤
조연들이 옹기종기 모여 주인공의 사인死因을 따져 물었다
흰 까마귀 속으로 사라지는 뜻 모를 선택, 어깨도 없이 골반도 없이

그것을 당신은 황혼기라 불렀다

예정된 엔딩을 벗어나 썩기만을 기다리는 독백처럼
드러내기 힘든 나의 절반은
당신에겐 누수 같은 존재였을 것

뚝뚝 떨어지는 모든 것은
간절했다

그 시절, 어머니
커튼콜처럼

## 보기 중에 없음

나의 답안지는 아직 두어 번 더 고칠 수 있어요
정답은 오답보다 다정한가요

나에게 어울리는 점수를 주세요
출제자는 변덕이 천성이라 핀란드식 유머를 이해 못 하는 내가 떠나요

그날 이후 나는 나도 모르게
나를 모르는 혹은 나를 기억하는 모든 곳에 동시에

있어요

공원에 앉아, 개가 가지고 노는 단순하고 우아한 공을 봅니다 애완용과 식용의 차이를 생각하며 내게 쓴 메일함에는 눈이 쌓이고 다른 용도를 찾아보아도

내 얼굴이 보기 중에 없어
나는 떠나요

객관화의 실패에 대한 책임을 물어

나의 산책은 길이 하나뿐인데 길을 잃고
생활의 난이도는 높아만 가는데

정말 중요한 것은 보기 중에 없어요
누구에게나 선택은 힘든 일이죠

내 안의 공을 꺼내 힘껏 던져요
누군가 달려가요

# 2부
극단에로의 전조

# 그레타 툰베리에게

석유화학제품을 몸에 두르고 일회용품을 아무렇지 않게 사용하면서 호화로운 요트를 타면서, 탄소 배출의 혜택을 다 받고 자란 네가 남 탓만 하는, 공업 강국 스웨덴 상류층 백인 소녀의 분노와 증오로 가득 찬 결기와 귀족 행보를 보면서
'넌 성공했구나. 지구촌 스타가 되었구나. 돈 걱정 없겠구나. 정치하겠구나.'
법정처럼 이태석처럼 언행일치하라는 말은 아니지만
그린피스에서 평생 봉사하라는 말은 아니지만
자전거와 돛단배만 타고 다니라는 말은 아니지만
너의 말은 빨대 하나 생분해하지 못한다
How dare you!

가해자가 피해자 코스프레하는 너의 연설을 보면서
너의 배후 세력과 퍼포먼스의 진정성을 의심하면서
월든의 자연주의자도 티베트의 승려도 아니면서
아마존 소수 민족의 추장 딸도 아니면서
국토가 물에 잠긴 섬나라의 기후 난민도 아니면서

지구 파괴의 책임을 남에게만 묻다니
누가 누구에게 큰 소리를
How dare you!

국제기구를 아이돌처럼 방문하기보다는 저개발국가의 아이들에게 먼저 사과하렴
너희 유럽에서만 조용히 실천하기를
채식주의와 플라이트 셰임Flight Shame은 포기하지 않기를
가해자가 가해자에게 던지는 메시지란 경고의 목소리란
태평양의 쓰레기 섬처럼 둥둥 떠다니는 아이러니 아니던가
두고 보기 힘든 자화자찬 낯 뜨거운 헤게모니라는 것을
볼륨과 자세를 낮추고 너희부터 반성하고 뉘우치길
간디도 못 받은 노벨평화상은 부디 잊기를
How dare you!

물고기는 물에 젖지 않고
새는 구름에 젖지 않지만
사람은 강물에 젖고 눈물에 젖는다
연잎처럼 부레옥잠처럼 길을 길에서 찾지 말기를
새가 나는 이유는 땅으로부터 도망치는 것이 아님을
자연은 반짝 영웅을 필요로 하지 않는다
침략자가 침략을 반성하지 않는 것처럼
파괴자가 파괴를 반성하지 않는 것처럼
부자가 사치를 반성하지 않는 것처럼
노인이 아집을 반성하지 않는 것처럼

오만은 끝까지 그 자신을 반성하지 않는다*

* 김수영, 「절망」에서 변용.

## 보건증

  국어사전은 잘 돌아가는 부위마다 목이란 이름을 붙였다
  골목은 자본주의자들의 실험실이라서 한번 시작된 검사는 멈출 수 없거니와 미끄러지면 저항할 수 없다

  항문에 면봉을 집어넣고 두어 번 돌렸다
  약속처럼 무언가 묻어 나왔다

  숙주에 빌어먹는 장티푸스처럼 나는 누구의 아종亞種일까
  부라보콘은 아내가 제일 사랑하는 메이드 인 코리아였다

  발급은 5일 정도 걸린다고 했다

  개를 몰고 다니는 냄새처럼, 목줄이 필요해서 개를 사는 사람처럼
  나는 김밥천국으로 갔다

김밥은 죽어서 천국으로 갔을까 면봉을 만났을까

뒷골목은 철거가 유행이다
어제는 노래방 그제는 분식점 엊그제는 철물점
 오늘은 불에 탄 고시원, 반쯤 타다 만 노트에서 알 수 없는 문자로 가득한 마른 울음을 보았다

 더 작아진 부라보콘을 한 입 베어 물자 눈발이 토핑처럼 내렸다
 바닐라 초코 딸기 피스타치오
 맛을 위한 맛들

폭설이 욕설처럼 도시를 꺼내 갔으면

아내의 고향에선 눈이 내린 적 없다던데
서른일곱이었고 기출문제들이 난무했고
부러진 나의 손목은 마지막 철거였다

셔틀


아침은 포기하기 좋은 시간
폭우가 쏟아지는 출근길에 셔틀을 놓치면 벌어지는 일

너무 오른 기름 값 탓에 셔틀 노선이 중단됩니다
셔틀을 놓쳤다는 K의 거짓말도 놓칠 셔틀이 사라졌다는 S의 변명도 스키드 마크처럼 선명합니다만

최저 임금이 만성 적자의 꼬리에 꼬리를 물고 계절처럼 돌고 돌아 제자리, 우리는 돌아오지 않는 미래를 나눠 가져요
한숨의 무게를 결정하는 사람들이 동결을 외칩니다
2025년은 10,030원입니다 그 돈이면 한 시간을 죽어 드리지요
시급에 포함되지 않는 것은 영혼이 없습니다

너무 그러지 마, 사람들은 대부분 착해
자리가 사람을 만드는 거잖아

어제는 스물두 명이 탔는데 오늘은 열아홉이네

비슷한 상처를 나눠 가진 우리는 집으로, 비슷비슷한 집으로
복종을 시작하는 셔틀 런

눈을 뜰 때마다 집우집주는 천 개의 도시를 새로 낳고 만 개의 노선을 새로 짜는데, 우리네 셔틀 인생은 언제 끝이 납니까

우리는 셔틀의 일부입니다
놓칠 수 없고 내릴 수도 없는

셔틀은 알람보다 먼저 출발하고
알람보다 먼저 도착합니다

## 태권브이

피가 도는 침대 위로 뼈가 뼛조각을 나른다
제 발밑을 쇠그물로 채우고 외통수가 된다

조종실 창문에 부딪히는 사소한 적들
그래, 새는 씹는 맛을 모르지

빗물처럼 살다 간 십년지기는 먹구름이 되고 천둥이 되어
오늘도 소변 통을 들고 철벽을 오른다

푸른 심줄은 점점 얇아지고
붉은 발톱은 점점 무뎌지고

인조 나무처럼 헐거이 서서 뒤뚱뒤뚱
허공의 가슴골을 휘젓는 석양의 안전제일
능노는 소쩍새는 똥칠만 해대고
된바람은 호루라기 소리만 우렁차고

내일은 또 누가, 철이 없는 나라로 떠날까

트러스 마디마디 녹슨 흥분 삭이는
우두커니, 밤마다 마지막 근무일지를 꼬리뼈에 적는다

집으로 돌아온 덩그러니, 젖은 냄새는 벗어 두고
그림자를 새것으로 갈아 끼우는데

깡통 로봇과 철이를 흔들어 깨우는 일
영희의 그 좁은 꿈속으로 비집고 들어가는 일

함께 악당을 무찌를 수도 없고
뜨겁게 품을 수도 없는

목을 삼켜 그을음만 투명한 심장에 고이는
지구의 용사

저 달이 지쳐 목 아래 베개로 저무는데

# 꼭두

구파발 05:30, 오금행
꼭두가 자판기처럼 온다

강철 등고선이 실어 나르는 잔뿌리 공동체
앉을 자리가 없는 꼭두는 꼭지가 돈다
지붕만큼 무거운 눈꺼풀을 효도폰에 묻혀 온
첫차를 타고 가는 꼭두는 너무 일찍 가는 사람

첫차를 놓치면 큰일 나는 꼭두에게
꾸벅꾸벅 쌓이는 녹진한 응달은 하루치의 밑천일까
가다 서다를 반복하는 나들목의 정체가 비트를 타고
지속 가능한 잔업의 수레바퀴는 스윙처럼 밀려오는데

시원하게 신용·사회를 긁어 본 적 없는 저예산 B급 인생
발 빠짐 주의 발 빠짐 주의

명동 23:38, 오이도행
꼭두가 물침대처럼 간다

만성 류머티즘이 실어 나르는 충혈된 장딴지들
대출 만기가 펑펑 우러나는 꼭두는 꼭지가 가뭇없다
코미디를 봐도 눈물이 절로 마려운
막차를 타고 오는 꼭두는 너무 늦게 오는 사람

막차를 놓치면 큰일 나는 꼭두는
휴가를 저축만 해 놓았기에 틈만 나면 아팠다
좋은 밤마다 종을 잉태하고 아침이면 소리를 지우
는데

강철 평행선아, 그 많은 처방전을 이고 어디로 가느냐
세상에 없던 해피 엔딩을 보여 다오

어둠이 그치면 기지개 켜듯 옆질러지는 태양
보험도 없이 전관예우도 없이

꼭두의 난이 시작된다

# 아무와 누구의 총파업


왜 가난할수록 단결이 안 될까

삼류 밑에 물류라 하더라
물류 밑에 불법체류라 하더라

정체 모를 망령이 비릿한 공기를 몰고 오는
아무 말이나 좀 해 봐
아스피린 비타민씨 오메가쓰리 잘 챙겨 먹고

누구 하나 우리 먹고사는 덴 관심 없잖아

 입술을 빼앗긴 결의문이 홀로 나부껴 오늘의 날씨가 되고
 집 나간 여자의 여행 가방이 침대 밑을 두리번거리는
 한쪽 바퀴가 무너진 채로

단톡방에서 열세 명이 나갔네

대화 상대가 없습니다
압수수색일까요

아무렇게나 이불이
아무렇지도 않게 새벽이

친일파 밑에 주사파라고
주사파 밑에 배고파라고 하더라

출정식에 손이 끼여 산재 신청이 어려운
실업급여 간편 모의계산 앞에서 수급자격을 논하는

도망치는 분리모사홀미섬사진애묘막
그다음은

# 요양원

 명심하세요 이건 한쪽이 멸망해야 끝나는 게임, 우리는 우리가 잘 아는 이유로 죽지 않아요 악몽이라니 이건 연습이에요

 좀 치워 줘 내 방에 시계가 너무 많아
 밥 주다 보면 하루가 다 간다고
 몇몇은 이미 죽었어

 괜찮아요 시계가 망가져도 시간은 멀쩡하니까 저기 저 주사기 좀 보세요 사람처럼 보이나요? 회초리를 잊어버리면 그냥 거죽에 가깝죠 숨 쉬는 거죽, 가족이란 말 아세요? 가죽처럼 질긴 DNA를 공유한 거죽들의 모임이잖아

 잠깐 집에 좀 다녀와도 될까
 15층을 놔두고 온 것 같은데 하룻밤 사이에 애를 낳았대
 손톱에 자꾸 벌레가 껴

등도 따끔거리고

사는 게 그렇게 호락호락하지 않아요

비누는 가만히 누워 있어
먼저 공격하는 법이 없지
비누는 그래야 해 원래 그런 거야
막다른 골목의 15층처럼 타고난 슬픔이지
그늘이 기다리는 건 오직 안쪽이라서
너무 늦게 도착한 바깥은 멍이 들지
그늘은 그늘일 때 제일 안전해

어르신, 자꾸 이러면 맴매해요 반성실로 보낼까? 개미가 좋아요 풍뎅이가 좋아, 울지 말고 말해 보세요 벽이 높아 담이 높아?

나는 혈압계처럼 오르락내리락 웅웅거리고 있어
가위 하나 덩그러니 가위에게 오려지고 있어

어제는 15층 선풍기를 향해 달려가고 있었지
다리미에게 당하기 전으로 말이야
쌀을 씻고 화분에 물을 주고 혼자 오줌 누던 시절로


폭탄이요, 어르신은 시한폭탄이라고, 열댓은 단칼에 해치울 수 있는 냄새에, 한 방에 건물을 통째로 날려 버릴 수 있는 소음까지, 폭탄은 반드시 터져야 해 불발탄이라는 오명을 얻으려고? 저 혀들 똥구멍들 빨간 것들 저 썩지 않는 것들 좀 봐, 세상의 모든 드라마와 이어달리기를 끝장낼 수 있는 어르신은 아름다운 시한폭탄이라니까


냉장고가 나를 향해 돌진해 오지 뭐야
처음 보는 발톱들
우물 같은 세탁기에 난 숨었어
미로 속에서 허우적허우적 가라앉는 해바라기처럼
눈알을 던졌지
왜 우냐고 다그치는 엄마 때문에 아이가 울음을 멈

추지 못하듯이
   기쁠 일도 슬퍼할 일도 없어
   간호사놀이 그만하고 네 꿈으로 돌아가
   다음 주에 새로 오는 신입이 있대
   갈 때, 저 시계들 좀 다 가져가고
   더는 비누를 삼키지 않을 테니
   이제 그만 나를 잊어 줘
   15층 여자처럼

## 개와 기계의 나라

닫힌 세계,
하루에 31,536,000개의 이쑤시개를 만드는 공장이 있어
오늘은 내 남은 근무일의 첫날

공장장은 태어나는 모든 이쑤시개에게 인사하는 사람
이쑤시개를 발명한 네안데르탈인에게 로열티를 주는 사람
이쑤시개의 새로운 쓸모를 연구하는 사람
몇몇 이쑤시개의 일탈에 시말서를 대신 쓰는 사람

신이시여, 저에게 천조 개의 이쑤시개만 주신다면 무엇이든 만들 수 있겠나이다
달도 만들 수 있겠나이다

이쑤시개가 되겠다고 찾아오는 나무들이 빼곡히 줄 서 있는데
이쑤시개도 머리 쪽과 발 쪽이 있다는 걸 알아?

얼굴과 뒤통수가 있다는 걸 알아?

갇힌 시간,
처음부터 이쑤시개가 꿈이었던 자작나무는 없어
불쏘시개도 노리개도 아닌, 식당에서 나오며 무심코 이쑤시개를 집어 드는데 하필 두 개를 집었지
둘 중 하나는 고기 맛도 못 본 채 바닥으로 떨어질 거야
이 군더더기 없는 직립의 몸통에 고기 국물이라도 묻혀 봤으면
멀어지는 쩝쩝 소리를 유언처럼 들으며 생을 마감하는 너

고둥 알맹이를 쏙쏙 뽑아낼 수 있고
구운 김 수십 장을 굳건히 잡아 줄 수 있고
손톱 끝을 푹푹 쑤셔 없던 죄도 받아낼 수 있지

이쑤시개 공장 공장장이 이쑤시개를 훔친다

무슨 일이야 있겠어요? 오리가 홰 탄 격이지
　물찌똥의 씨앗을 뿌리는 저 박수무당의 외통수를 배우는 편이 나아

　외상값처럼 짖어대는 묵정밭이다
　어근버근 가리 트는 눈먼 가위다
　각다귀판 걸태질 소리 야밤에 그득하고
　진상 무리의 술판은 그칠 줄을 모르니

　묶인 주둥이들,
　이쑤시개 공장 공장장이 이쑤시개를 태운다
　불타는 공장 안에는 계약직뿐이라서 계약직은 불을 끌 의무가 없지
　저 불은 어떤 계약 조건으로 들어왔을까

　더러움을 아는 개로다
　부끄러움을 모르는 기계로다

막힌 출구,
위기와 공포를 조장하는 사바娑婆의 수호신이 새로운 이쑤시개 공장을 건설하고 있다 밤이 열둘이라도 이빨이 남아 있는 한, 우리의 사냥은 영원하리니

오, 꿈의 나라여

## 사바나 가설


달빛에 손목이 베일 듯 날카로운 밤
네모난 별 하나 술잔 위에 떠오르니
그 몸 가득 연애편지를 담아
받는 이도 주소도 없는 먼 대륙으로 나는 띄운다
약속뿐인 이 세계에서
야간자율학습이 없던 시절
플라스틱이 없던 시절
고리대금이 없던 시절
마스크가 없던 시절
집배원과 인력거만 있던 시절로
멸종위기종 보고서와 함께 연꽃 그늘을 나는 부친다

이길 수 없다면 엎드려라
아비가 일러 준 유일한 가르침이었지만 나는 생각이 달랐다
싸우지 않고 이길 수는 없을까
홍적세의 풀밭 위를 구름처럼 두 발로 걸었다
곧은 허리와 자유로운 두 손은 마냥 비칠거렸고

요즘 들어 자주 나무 위로 번쩍이는 하늘의 흰 뿌리
뜨겁고 빨간 이글거림을 불이라 불렀던 우두머리의 아들
부러진 날 선 나뭇가지에 발바닥이 찢긴 아우의 비명을
돌멩이에 머리통을 맞고 쓰러진 하이에나를 나는 기억했다
치타처럼 빠를 수는 없지만 불이 붙은 나뭇가지만 있다면
하늘과 땅이 맞닿은 저기까지 갈 수 있을지도 몰라
어쩌면 그곳엔 나뭇가지만 한 비가 내릴지도
뱀도 모기도 독수리도 없고 뚱뚱한 나무가 걸어 다닐지도 모르지
마침 사자 한 놈이 달려들었을 때 나는
불붙은 나뭇가지를 녀석의 면상에 박아 버렸고
눈알이 녹은 녀석은 고개를 조아리며 왕관을 놓고 떠났다
불을 다스릴 수만 있다면 나는 왕이 될 수도 있을 거야

지평선을 향해 뛰고 또 뛰었지만 지평선은 그만큼 달아났다
뛰는 데 방해가 되었을까 내 꼬리를 나는 잘라 버렸지
즐거움을 발명한 최초의 역진화
전쟁의 시작이었다

첨단 기능의 최신 폰을 찾아서 나는
행성마다 한 명씩만 사는 11차원 플랫폼에서
간혹 더 넓은 은하로 옮기려는 거간꾼도 있지만
문단속이 필요 없는 홀로그램 세계에서
땅에 울타리를 치면서 시작된 눈물 젖은 도돌이표
행성 전부를 소유하여 파문당하지 않는 길가메시이거나
혼자 우상을 키우고 혼자 제물을 바치고 혼자 순교하는
최후의 샤먼이거나 세상 끝의 벌거숭이이거나
소외도 차별도 억울할 것도 없는 미노타우로스의 그림자이거나

폰은 우주에서 인구 밀도가 제일 높은 독방이라지
건너가지도 않고 건너오지도 못하는 바이오필리아
자전도 공전도 문패도 없이 네발짐승처럼 게걸스러운 식욕과
손안의 창백한 푸른 뇌와
인류세를 다 욱여넣은 팔림세스트와
추호의 눈속임도 없는 사바나의 요술 램프와

## 투사에게


저기 꽃을 보라
오월의 장미보다 더 붉은
저 철근쟁이를 보라

제 몸뚱이에 스스로 불을 놓은 강철보다 단단한
네 발 달린 꽃을 보라

저기 불을 보라
오월의 용광로보다 더 뜨거운
머나먼 기계를 보라

피 끓는 꽃잎 위로 닥쳐오는
눈먼 발자국을 보라

부디, 그대는 잘 가지 마라
무기라곤 오직 불과 꽃이어서
새까맣게 타들어 가는 녹슨 심장뿐이어서
목 놓아 외치는 울음들 뒤로한 채

저 혼자 살겠다고 두 주먹 풀어 버린
그대는 부디 잘 가지 마라

저기 저, 무너지는 어린 함성을 보라
차디찬 아스팔트 아래로 내몰리는 동지의 둥지를
보라
송곳이 벼락처럼 퍼붓는 누명의 집중호우를 보라

그을린 승리자여
부디
잠들지 말라
끝내 되살아나 적들을 호명하라

# 창문 도둑

도둑이 나타났다

 천년 묵은 벼루처럼 도시의 밤은 침묵을 견디는 것 말고는 다른 도리가 없다 밤은 야수의 낙원, 들키지 않으면 사랑할 수 있다 보고 싶은 것만 보이는 본능의 산란기, 숨거나 눈을 감거나

 벽은 창문을 바람난 등짝쯤으로 여겼다

 야간 통행은 금지되었고 수상한 작은 벽은 모조리 잡혀갔다 가보로 내려온 명품 창문을 빼앗긴 이쑤시개 공장장은 손목을 그었고 재벌 3세는 창문 도둑의 목에 거액의 현상금을 내걸었다 창문이 하나뿐인 농민과 상인은 유튜브 속으로 도망쳤다

 창문을 잃어버린 벽은 창문의 공백을 스스로 메우기도 했다 전갈이 빠져나간 자리를 모래가 메우고 빗방울이 갈라놓은 중력을 허공이 꿰매듯 창문이 있었던 자국

마저 죽은 부모처럼 금방 잊혀 갔다

 누구는 창문을 벽의 눈이라 하고 누구는 입이라 하고 누구는 귀라 하고 누구는 손이라 하고 누구는 도끼라 하고 애초부터 창문이 없었던 벽은 양다리를 걸친 이중간첩이라 하고

 창문 도둑을 숭배하는 사이비 종교가 들끓었다 강남엔 불법 창문 이식 수술이 극성을 부렸고 인천 앞바다엔 중국산 창문의 암거래가 불야성을 이뤘다 창문 도둑이 도토리 냄새를 싫어한다는 소문이 돌자 전국의 도토리가 동이 나기도 했다

 창문은 투명해야 하고 손잡이가 있어야 하고 여닫음이 있으되 벽은 드나들 수 없어야 하고 새에겐 저승행 톨게이트라 불려도 그러하고 벽은 벽과 내통하며 훌쩍 키가 자라고 담마저 벽을 꿈꾸고

창문은 두드리면 열린다는 말은 반은 맞고 반은 틀리다 창문의 애매모호가 창문 스스로 벽으로부터 달아나게 만든 장본인이라는 주장도 나왔다 어떤 벽은 창문에 시멘트를 바르고 쇠사슬로 동여매고 자물쇠까지 달았지만, 창문은 들썩거렸다

도토리를 온몸에 매단 무리가 광화문 광장을 가득 메웠다 책처럼 날개를 퍼덕이며 날아오르는 창문도 목격되었다 이순신 장군의 흉부에서 거대한 창문을 보았다는 증언도 속출했다

구호가 낭자한 창문 아래 내장 발린 물고기가 쏟아져 수북했다 창문과 창문 사이는 부자와 거지만큼이나 멀었다 모두가 지옥이면서 천국을 바라봤다

약속을 팔고 가면을 팔고 부적을 팔고
게임의 승자는 게임이라 하고

게임의 법칙을 다시 짜는 분주한 손놀림, 적응하거나 달아나거나
 아스팔트 아래 잠든 여럿 입술을 흔들어 깨웠다

 폭력이 무덤처럼 번져 갔다 권력자는 창문 없이 태어난 아이들을 모조리 매달았다

 도둑이 누군지, 훔친 창문으로 뭘 하려는지 모른 채
 우리는 천적을 피해 달아나는 누 떼처럼 초원을 탕진했다 시키는 대로 하기만 했다

 아무것도 아닌 루어들의 왕이 되어

## 녹슨 풀

첨벙, 헤엄이나 치면 좋을
하얀 눈동자들의 협동조합
나는 배다른 씨족의 아이였다
너희는 소나 염소 따위 두렵지 않을 것이니
정직한 광선이 네 목을 쳐도 흘릴 이력이 없으므로

서풍이 흩뿌린 노을의 춤사위에
배가 부풀어도 그만일 것이니
초록의 웅변에 귀 기울이며
눈먼 눈은 감아야 멀리 보인다

구름의 고름으로 허리가 자랄 때
허공을 부수며 나는 돌 틈 너머로 나아갈 것이니
파괴되지 않으려고 다시 태어나지 않으려고

저마다 다른 얼굴로 나를 비웃는
방울들 거울들 저울들 그리고
겨울 지나 겨울

천상의 피조물이 복음을 전하는 동안 실눈을 뜨고
풀밭은 저 빼곡한 틈새 지옥을 배울 것이니

피가 도는 문장 위에 누워
화서花序의 기억을 흔들어 깨우는 일
불면을 삼켜 울음만 고이는 나의 수술실에서

# 림보의 연인

19세기 런던에서는 안 되는 일이 없었다
과학자에게는 과학자에게 어울리는 일이 있었고
노동자에게는 노동자에게 어울리는 일이 있었다

토마토처럼 즙을 흘리는 엔진 속의 고름이거나 배꼽과 오금이 깊이를 나눠 갖는 굴뚝의 유령이었다 소년공의 정강이뼈가 용수철처럼 튀어 오르는 검은 판화의 퍼레이드

나에게 올래
부풀어 오른 벼룩처럼 올래

앰뷸런스가 20세기를 달려갔다
우리 모두 기계이므로 순간에 급급하기로 했다

나라 하나가 통째로 실려 가도 눈 하나 깜짝하지 않았다 고등어 배를 따다가 양수가 터져 공중화장실로 달려간 여인은 아이를 지우듯 생계를 지우고 생활 하수가

되었다 절름발이 소년 가장은 개천의 용 대신 모범수가 되었다

   나에게 올해
   너는 늘 처음 겪는 계절 같아, 그래서 좋아
   건성으로 읽는 조간신문 같아

공사장의 파헤쳐진 밤은 겉과 속이 달랐다 밤송이처럼 쩍쩍 갈라지는 심장이거나 분에 넘치는 야근 수당을 퍼붓는 실린더였다

   쇳물에 빠져 죽어도
   지하철에 깔려 죽어도
   비닐하우스에서 얼어 죽어도
   팔이 잘리고 허리가 부서져도
   폭염수당으로 몇백 원을 더 요구해도
   부당 해고에 맞서 철탑 위에 올라가도
   우리의 앞날이 0.5mm 샤프심 같아도

나에게 올래
내 집 마련의 꿈일랑 접고 나에게 올래
연민 동정 사랑 그런 거 말고 진짜 너의 껍질로 올래

21세기 오멜라스*에서는 되는 일이
하나도 없었다

*어슐러 르 귄, 「오멜라스를 떠나는 사람들」.

## 일란성

그늘과 그림자는 마주 보았다
그것밖에 할 일이 없었지

헤어지지 말자고
누가 먼저 떠나지 말자고
밖이 보고 싶어도 참고 견디자고

밤이 와
서로를 알아보지 못할지라도

반짝이는 모든 것이 두려웠지
그래서 국경 너머로 달아나기도 했던

모르는 아이가 둘 사이에 들어와
휘젓고 짓밟았다

너와 나는 길들여졌지
방 안에서

# 3부
부서진 꽃대를 위한 변호

# 10리터의 눈물

 겨울밤, 어린 두 딸을 데리고 엄마는 제일 싼 잠자리를 찾아 뒷골목을 헤맸다. 춥다고 춥다고 냄새난다고 투덜거리는 아이들을 달래며 엄마는, 서울에 왔으니까 종로에서 자야지, 라고 말하며 이불을 펴고 함께 살을 비볐다. 하루 종일 돌아다니느라 어찌나 힘이 들었는지 정신없이 곯아떨어졌다. 방학을 맞아 난생처음 서울 구경 온 시골 모녀의 여행 첫날 밤은 그토록 정겹고 따뜻했다.

 새벽녘, 욕망에 눈이 먼 술 취한 사내가 여관 입구에 10리터의 휘발유를 뿌리고 불을 놓았다. 열기와 유독가스에 눈을 떴을 때, 엄마는 활활 불타오르는 방문을 열 수 없었다. 창문 밖으로 아이들을 내보내려고 했지만 창문은 너무 작았고 두꺼운 쇠창살로 막혀 있었다. 불이 몸에 닿기도 전에 검은 연기가 목구멍을 가득 메웠다. 엄마는 불에 타는 것보다는 숨이 막히는 게 덜 아플 거라고 생각했다. 괴로워하는 두 딸을 이불로 덮고 감싸안았다. 10리터의 눈물로는 이 성난 불을 이길 수 없었다. 1심 공판에서 사내는 홧김에 저지른 일이라고 말했다.

 죗값이 평생 무료 숙식권이라니. 그것도 국가가 책임지고 승인한 고품질 먹거리에 쾌적한 잠자리, 완벽한 노후 보장이라니. 도둑 강도 방화범이 들이닥칠 일 없는, 지상에서 가장 안전한 별들의 낙원이라니. TV 보며 낄낄대겠지. 야동 보며 수음하겠지. 못난 정치인 향해 손가락질하며 욕하겠지. 특식이 나올라치면 환호성을 지르겠지. 금주 금연에 정기적으로 건강검진 받고 신작영화 관람하고 종교행사 참석하고 유명인사 강연 듣고 적절한 노동에 규칙적인 운동으로 몸짱에 혈색도 좋아지겠지. 신의 은총을 받아 전도와 포교에 앞장서겠지. 그렇게 행운의 여신을 만나 팔자에도 없는 호강하며 천수를 누리겠지. 국가가 앞장서 장례를 치러 주고 편안히 저승길로 안내하겠지. 그렇게 천국에 가겠지. 천사들에게 떠벌리고 다니겠지. 어떻게 신의 옆자리에까지 오게 되었는지를.

# 먼 등

오십을 넘어서면
곁에는 떠날 사람들만 남는다

지구가 흔들려도 좋을
가을 다음에 다시 가을이 와도 좋을

너는 가끔이라고 했고
나는 자주라고 했다
불발탄이 터지는 날이면 전염병처럼
너의 얼룩이 내 귓등에 번졌다

봄은 늘 새것인데
가을은 늘 헌것 같은 붉그스레한 사용감

우리는 서로의 등에 관해 이야기했다
전기가 나갔다 다시 들어오는
아주 잘못된 밤에
손금이 손을 갈라놓는 줄도 모르면서

식은 말들이 전등 사이를 오가면서

가을은 사람 같다

내 편이 없는 사랑 같다

# 한 닢의 女子

　나는 한 女子를 미워했네. 물거품나무같이 보잘것없는 女子. 그 한 닢의 女子를 미워했네. 물거품나무 그 한 닢의 뿌리, 그 한 닢의 줄기, 그 한 닢의 떡잎, 그 한 닢의 홀씨, 그리고 바람이 불면 보일 듯 보일 듯한 그 한 닢의 멋과 힘을 미워했네.

　정말로 나는 한 女子를 미워했네. 돈만을 가진 女子, 돈 아닌 것은 아무것도 안 가진 女子, 돈 아니면 아무것도 아닌 女子, 요물 같은 女子, 플라스틱 같은 女子, 귀신 같은 여자, 물집 같은 여자, 그러나 돈만 주면 누구나 가질 수 있는 女子, 그러나 행복한 女子.

　그래도 영원히 저 혼자 가지는 않을 女子, 물거품나무 그림자 속에 갇힌 女子.

\* 오규원, 「한 잎의 女子」를 오마주하며.

## 약달력

  한때는 곳간 열쇠 쥐고 마을을 호령했던 천석꾼 맏며느리
  오늘도 폐박스 맛집 한 곳을 까먹었다

  약요일이 오면 약 먹는 기계가 작동한다
  식후 삼십 분마다 하얗게 쏟아지는 몇몇 얼굴
  간혹 오작동을 일으켜 약을 보리차에 넣어 끓이기도 했다

  마을에서 제일가는 만능손, 섭이네 송아지도 받아내고 순자네 경운기도 살려내더니만 걸핏하면 밥상을 들어 엎고 노름판에 들락거리고 자식들을 후려 팼다 저걸 죽여 말아 하다가도 부둥켜안고 살았는데 환갑을 막 지낸 겨울 아침, 뇌로 가는 울화통이 터졌다 만능손이 유일하게 잘한 일은 명절에 죽은 일이었다

  가난쯤이야 우습지 외로움에 비하면

약을 먹기 위해 밥을 먹는 허름한 기억의 날들
약달력은 달력보다 시계에 가까워서 달이 바뀌어도 넘길 필요가 없고 빨간 날이 없고 음력이 없다

문패 없는 반지하방, 엎어 놓은 고무 대야처럼 웅크린 생은 늘 목이 마렵다 천장에 닿은 폐지 더미, 비키니 옷장에 가득 찬 첫째 둘째 셋째 그리고 막내
엎질러진 요강 옆에는 강제퇴거명령 독촉장
주렁주렁 약주머니 어디쯤엔 '기일'이라고 적힌 오만 원 한 장

날개는 하얀 나라로 돌아가려고
사부작사부작 흐린 기지개를 켜는데
약기운으로 오직 약기운으로

할멈은 마침내 단골 행성 하나를 통째로 까먹었다

## 주소들

  테이프를 뜯을 때마다 허수 씨는 박스의 울음을 들었다
  농약을 마시는 농부의 안쪽처럼 박스는 절박했다
  쓸모가 사라지면 깊이는 지워지고 '폐'라는 접두어가 나붙었다

  두부의 반듯함을 닮은 운송장이 일당을 결정하는 밤, 컨베이어 벨트 위에서 갈등은 용서되지 않았다

  최초의 주소에는 누가 살았을까
  허수 씨는 최후의 주소가 되고 싶었지만
  첫눈을 기다려 온 누구도 끝눈은 기억하지 않았다

  인간의 껍질을 뒤집어쓰고 인간을 사냥하는 외계인처럼 박스 안의 것들은 예상과 달랐다 허전함이 튀어나왔다 가끔은 까도 까도 뒤끝만 나왔다 밀봉 구역을 갖는다는 것은 고립일까 독립일까

허공에 붙들려 두리번거리는 가려움의 날들이었다
아무 생각 없이 근육을 소비하기엔 캐치볼만 한 게 없다 이빨 사이에 낀 찌꺼기처럼 내팽겨지는 '취급 주의'들
그래서 집하장은 야구나 축구가 되고, 무대기를 대하는 까데기는 패대기로 종결되었다

허수 씨는 어쩌다 이 일을 하게 됐소?
주소 하나 얻으려고요
그렇지, 여긴 널린 게 주소지만 쓸 만한 주소는 드물지

잠깐 모였다 이내 비슷한 수준끼리 옆구리를 나눠 갖는 동선의 끄나풀, 멀리 나갔다 돌아오던 번지수는 과속방지턱을 지날 때마다 널뛰며 첫사랑의 안부를 묻곤 했다 골판지는 마찰계수라는 반려의 조건으로 스티로폼과 벗트고 반나절 외출을 위해 태어난 대립각은 빈틈에 뽁뽁이가 개입하면서 삼각 구도를 이루었다 삼각은 모서리로 기능했다

어긋난 주소는 제 역할이 끝나도 박스를 떠나지 못했다
 일부러 작게 적은 속옷 사이즈처럼 당당한 실수였다

 주소의 탄생은 세금을 거두기 위한 계획이라고 했다
 바코드를 발명한 몽상가들이 암호를 해독하는 거리에서
 지름길은 촘촘한 눈발처럼 춤을 추었다
 주소가 애매할수록 뚜렷해지는 허수 씨는 하루에 한 번 빈 박스를 받았다
 그 안에 주소가 있든 없든

 배송금지품목이라는 스티커 아래 흠뻑 젖은
 추적도 조회도 안 되는 슬픔처럼 입도 없으면서 비명을 지르는 번지르르한 생활의 자투리

 업소에서 돌아온 여인이 녹아내린 얼굴을 부둥켜안

앉을 때
 사랑이란 보냉제의 안간힘을 시험하는 일
 박스를 풀기 위해 밥을 먹는 사람은 박스를 나르기 위해 밥을 먹는 사람의 젖은 발자국과 휜 등줄기를 알지 못했다

 현관 앞 커다란 박스에 누워 허수 씨는 휘파람을 불었다
 '반품'이라고 큼지막하게 써 두었다

# 석태아

외로움과 그리움, 나는 둘 중 하나의 적이 되었어

  머리를 토해내듯 이름을 꺼내야지
  바깥을 조롱하며 빨간 체리 향에 취해 조금씩 나를 보여 줄게
  울음뿐인 세상에 몰래 피어나 눈물 한 방울 보태지 못하고
  돌이 된 빨간 꽃

  우주는 거대한 생각이라는데
  생각을 미처 갖지 못했으니 우주의 일부도 아닌 어쩌면 가짜였을
  작은 혈육 이야기

  해마다 봄이면 은하단의 별만큼 꽃이 피고
  동물로 태어났지만 식물처럼 꽃을 피운 나는
  태아령의 나팔 소리가 들려

돌이 썩지 않는 건 생각이 없기 때문이라는데
내가 아는 유일한 우주는 벙어리라서
생각 대신 자세를 연구하는 아이가 있어

꽃씨를 토해내듯 불꽃을 꺼내야지
엄마를 조롱하며 하얀 발자국에 취해 조금씩 나를 보여 줄게
모든 금기는 종교가 될 수 있어
죄와 벌을 만들어 믿음을 강요하는 신처럼 말이야

단 한 줄의 숨통이 끊기는 순간
나는 둘 중 하나의 미래가 되고 싶어

# 환승

계단참에 살림을 차린 여인이 있으니

처음 보는 결말이 하르르 쌓이는 이별보관소
계단참을 위해 계단을 만들었다는 고백을 듣는다

구석구석 파먹으며 부피를 키우는 흰개미처럼
쏟아지는 높이와 멍드는 깊이
최초의 계단은 내려가기 위해 만들어졌으니

여인은 온종일 숨을 참는다
여인은 한 달 동안 목을 매기도 한다
줄자처럼 팽팽하게 당겨지다가
아무에게도 들킨 적 없는 미필적고의로 남는다
계단은 뒤집어도 계단일 뿐

여인은 아직 밟히기 전인데 계단을 곱게 접어
몸 안에 들인다

수직이 끝나는 곳에서 수평을 만날까
사랑이 시작될까

계단참에 살림을 차린 여인이 떠난다

짝 잃은 젓가락처럼 나는 서 있고

어디선가 모르는 계단이 태어나고 있으니

# 월말

보험을 해약하고 돌아오는 길, 빗소리 들으면
내 이름이 나를 부르는 소리
주민등록번호나 모국어처럼 어쩌지 못하는
이중나선 같은 아침이다

결혼반지를 팔고 돌아오는 길, 낙엽을 밟으면
장모님이 나를 부르는 소리
나는 모른 척하고
나를 부르는 소리까지가 나라는 생각

가사를 알고 나면 시시껄렁했던 추억의 팝송처럼
생이여, 느낌만을 다오 리듬만을 내게 다오

가보로 물려받은 여덟 폭 병풍의 감정가를 따져 보는
어슬녘

호적이 반죽처럼 부풀어 오르는 소리
오늘은 오늘만큼의 슬픔을 다오

이불 속 작은 여인
구슬픈 허밍을 받아 적는 형벌에 이르면
나는 며칠 묵혀 둔 노래 한 소절,
슬며시 풀어 놓는 것이다

어둑발에 씨간장 뿌린 듯 깊어지는
잘 익은 소리를

## 고립계

어떤 기억은 영혼이 몸을 떠난 후에도
그 자리에 남아 있다
몸 깊은 중심에 앉아 이승의 손익을 따져 본다
뼈와 살이 다음 일정에 떠밀려 허겁지겁 몸을 떠나도
어떤 이별은 쇠 말뚝처럼 자리를 지킨다


업을 이어받은 소년은 아비의 몸을 조각조각 잘라 독수리 무리에 던져 주었다 원래 저들 것인 양


망자의 몸이 투명해지자 초보 천장사天葬師는 마니차를 돌렸다
하품이 나왔다


토렴하듯 비린내 나는 경전 한 줄 공중에 나부꼈다
바람이 부조금 몇 푼 던져 주고 갔다


식은 밥과 더 식은 삶이 서로의 온도를 맞춰 가고
먹는 살과 먹히는 살이 서로의 역할을 받아들이는

제일 오래된 소멸의 경우

소년은 손과 얼굴을 씻고 산에서 내려갔다

독수리 한 마리 아직 할 말이 남은 듯
멀리서 이승을 더듬거렸다

# 햇물

물은 늘 발가벗겨져 있어 놀이에 가깝다

그냥 되는 대로 뭉쳐 있는 게 규칙일까
깍지를 끼고서

한 잎 한 잎 살갗이 쌓여 그늘이 깊어질수록 흔들릴 뿐
투명과 말랑은 어디 가지 않는다
달의 중간쯤에서 배꼽이 자라고

엄마, 이제 몸은 필요 없어요

서로를 녹이다 서로에게 지워지듯
녹는다는 것은 배경으로 건너가는 일

가라앉은 밤을 휘휘 저었다

물기 없는 몸으로 쓸모없는 이름이 되어
수면 위에 반짝이는 넋이 되어

# 무지개를 데리고 갔다


폐곡선을 따라 도는 소년이 있어
푹 젖은 멜로디, 헐거운 손톱을 뚝뚝 흘리며

돌멩이처럼 숨을 참아 보고
강가에 두고 온 얼굴을 찾아 꿈속을 뒤지기도 하지

그믐밤엔 외나무다리 한가운데에 앉아
소년이 오기만을 기다리는 소년이 있어
날이 새도록 가마우지 구애 몸짓에 귀를 기울이며
어둠을 건너는 악공의 발자국을 세어 보는

가끔은 새가 떨어뜨리고 간 잇몸을 줍기도 하는
눈먼 짐승이 있어

홍수에 떠내려온 우산을 타고 어느 날
늦가을 휘파람 속으로 떠나 버린
절판된 일기장이 있어

## 연희삼거리


신발장에서 사막을 꺼내 신고 수족관으로 간다
남아도는 모래로 장아찌를 담가야지
일 년은 거뜬하겠다
손바닥엔 비상구를 알려 주는 지도가 있어
지문의 골을 따라 흐르는 표지판이 자주 나를 뒤돌아본다
들어 봐,
음악도 없이 대륙을 횡단하는 트럭 운전사처럼 너도 흐려지잖아


메시지가 뜬다
비밀번호를 누른다 입력 오류입니다 다시 눌러 주세요
비밀번호를 누른다 입력 오류입니다 다시 눌러 주세요
비밀번호를 누른다 3회 연속 입력 오류입니다
내일 다시 시도해 주세요

위치에너지에서 운동에너지로 바뀌는 생계를 수집하며
끝내 나를 무릅쓰지 못하고 회전목마처럼
원심력을 손에 쥐고서

물고기를 가득 실은 낙타는 마지막 오아시스를 그냥 지나친다
사막은 어쩌면 더 많은 사막을 만들어내기 위한
신기루일지도 모른다는 생각

한 겹의 밤,
모래 아래 묻어 둔 비밀번호가 여럿이었다

세상의 모든 팽이는 타살이다

# 개미마을

인왕산 기차바위는 오늘도
떠나는 약속들을 세어 본다
사람은 차표처럼 뜨겁고 바위는 어제처럼 차다
마을버스 막차가 종점에 잦아들면
구불구불한 냄새도 따라 내린다
뿌연 잡음 무성한 벽화 사이를 걸어
연탄재에 돋을새겨지는 누런 막바지들
재개발을 알리는 현수막에 아롱지는 모깃불
깨진 장독이 삭은 기억을 토해낸다
식은 컵밥에 눈시울이 시큼해질 무렵
할머니 찾아 나선 어린 자전거
유통 기한 없는 골목 밑을 구르다가
버드나무가게에 가로막힌다
막판과 막판 사이에 마을이 있어
너른 공중이 그들의 것이다
까만 달빛을 뒤집어쓴 채
홍제동 무른 귀퉁이가 취침 등을 켠다

# 4부
## 빨강은 모두 연애를 한다

# 눈님

노루잠 오시는데
여울빛 아니 오시고
긴 몸살 오시는데
오목눈이 아니 오시고
눈곱만 울울한데 루돌프처럼 호젓이
왜 무성 영화처럼 떠도시는지
꼬옥 겨울밤에만 소소소 오시는지
여우비로 위장해 봄을 노크하시는지
솔솔 솜다리로 능선마다 고명 얹으신
시월의 본분은 미루시고
보풀진 어깨로 한 결 스미시는
오목조목 설구화를 또옥 닮으신
선상의 첼로 수업처럼 아스라이
섬서밀 섬서밀 나리시는

## 일부러 사랑한 당신

당신은 계절의 법정을 건너가는 사람
봄을 탕진한 나의 오늘은 무죄입니다
하얀 쌀밥이 익어 가는 소리
소복소복 내려와 아침상을 차립니다
여름이 또 오려나 봅니다
혓바늘 돋은 손짓으로 나를 다독이는
당신은 배롱나무입니다
빛보다 먼저 빛이 되고
비보다 먼저 비가 되는 사람
왜 나였냐는 질문에 늘 그냥이라던
나는 당신의 모감주나무입니다
제 살 깎여 이름 하나 건진 석등으로 오는 사람
베개 속에 건들장마를 키우시던 옛 어머니처럼
눈물에 부르튼 소맷자락 행주 아래 감추고서
일부러 먼 길 돌아오는 당신은
아직 울어 본 적 없는 문장입니다
나는 가을비 되어 따라 돌며 당신의 가념에 물을 줍니다

강물에 등목하는 조약돌처럼
덜 아문 잠결 사이로 녹슨 혈관이 몽유꽃을 피웁니다
하루가 멀다고 희끗희끗 아름다워지는 당신
스무 살 내 마음을 일부러 사로잡았던
그때의 당신보다 나는 지금
당신이 더 그립습니다
당신이란 선물, 당신이란 기적
이 별엔 처음입니다

## 삼대 유감

 1970년인가, 공사 대금 떼먹고 도망간 업자를 찾아 멱살 잡았을 때
 현금 없으니 압구정동 배밭을 대신 가져가라, 말 들었을 때
 울 아버지, 밭뙈기는 필요 없으니 돈으로 달라 했을 때
 한 달 뒤에 주겠다는 각서를 받아 들고 집으로 의기양양 돌아왔을 때, 나 태어나던 해
 약속한 날 그 업자 또 도망가고 울 아버지, 새로 맡은 정화조 공사 때문에 그놈 잡기 포기했을 때…
 울 아버지 술만 먹으면 그 얘기 했다
 ―그놈 말 들을걸
 훗날 압구정 그 밭엔, 갤러리아백화점 명품관이 들어섰다

 1995년인가, 은평구 역촌동에서 두 번째로 큰 집에 살 때
 150평짜리 단독 주택에 셰퍼드 키우고 연못 가꾸며 살 때

각 그랜저 2.4 몰래 끌고 건국대 일감호 놀러 갔을 때, 친구들이 모토로라 카폰을 알현했을 때

울 아버지 뇌졸중으로 쓰러져, 그 집 팔고 고양시 59평 아파트로 이사 간다기에

그냥 여기 살거나 차라리 분당으로 가자고 내가 그토록 말렸을 때…

울 아버지 술만 먹으면 그 얘기 했다

—네 말 들을걸

몇 해 지나, 역촌동 그 집 코앞에 6호선 새절역 개통됐다

2016년인가, 며느리가 시아버지에게 말하길

아들 서대문 살고, 작은누나 강남 살고, 큰누나 용인 사니

아버님, 고양 아파트 팔고 서울로 다시 옮기시면 어떨까요

종로의 마지막 대단지 아파트 잡아야 한다고 설득했을 때

울 아버지, 여기 공기 좋고 공원 있고 병원 가깝다며 거절했을 때…
나는 술만 먹으면 울 아들한테 그 얘기 한다
―며느리 말 좀 듣지
그때 그 경희궁 자이, 지금 따따블 간다

그때는 왜 그랬을까
그때는 왜 몰랐을까

울 아버지 이제,
술도 못 마시고 걷지도 못하는데

눅눅한 가구 되어 마른 잠결에 소름으로나 아는 체 하는
상처가 아물듯 기억이 아문다

# 손잡이

손잡이는 잡았던 손을 전부 기억해요

철봉에 매달린 구백구십구 개의 손가락이 손을 놓을 무렵
장바구니를 버티는 아흔아홉 개의 손목이 동시에 끊어질 무렵
맨몸으로 하루를 여닫는 툭 튀어나온 골목 혀가 창백해질 무렵

달려가는 일보다 뜨거워지는 일보다 열리고 닫히는 일보다
손을 잡는 일이 더 중요한

버스를 대표하는 손잡이
냄비를 대표하는 손잡이
창문을 대표하는 손잡이
가방을 대표하는 손잡이

서로의 날씨를 증명하는 심장보다 더 뜨거운 언어
  손가락과 손바닥이 만나는 수련睡蓮의 잠꼬대를 들어 보세요


  나는 손잡이보다 더 종교에 가까운 말을 알지 못해요
  힘겨운 방향을 보듬어 주는 자비
  제 몸을 모두의 골격에 맞추어 주는 자비


  오른손잡이든 왼손잡이든 양손잡이든 손이 없든
  손가락이 네 개든 다섯 개든 여섯 개든 발가락이든
  손잡이는 손에게 마중을 나가요
  진화의 신은 손보다 손잡이를 더 사랑했기에


  중심을 잡아 주는 마중
  공간을 열어 주는 마중
  무게를 덜어 주는 마중


  손이 쥘 수 있는 제일 좋은 것은 손이니까요

나도 누군가에게 손잡이가 되어
함께 흔들리며 함께 여닫으며 함께 버티며 함께 녹슬며
한길을 갈 수 있다면 그럴 수 있다면

손으로 잡을 수 없는 한 사람,
마중 나온 당신을 만나면 나는 호미처럼 누울게요
세상의 모든 손잡이에는 그리움이 묻어 있어 전기처럼
찌릿찌릿한 것을

버림받은 손잡이만 모아 놓은 가게가 있다면 좋을 텐데
손잡이는 손잡이를 잡을 수 없는 걸요

# 귀에서 삐 하는 소리가

위염으로 이틀째 누워 있는 아내는
광대뼈가 부풀고 표정은 말갛다
설게 잠 든 눈꺼풀이 포슬포슬 떨린다
수보리의 미간에서 발화하는 세 번째 눈
방문을 닫으며 나오려는데
—여보, 뜨거운 물에 누룽지 좀 불려 놔요

쌀죽과 간장, 물에 헹군 김치로 끼니를 구상해야지
아픈 사람은 아프기 때문에 무죄
아프게 만든 사람은 명백한 증거가 없더라도 유죄다
그편이 쉽다 세상에 병을 치료하는 약은 없으니
병을 잊게 할 뿐
—여보, 두부 먹던 거 좀 남았지?

양말을 신고 지갑을 챙겨 장바구니와 함께 나간다
 풀무원국산콩단단한부침용풀무원국산콩단단한부
침용

증상이 호전되는 중인가
함치르르 웃음이 나왔다 잘한 것도 없으면서

해묵은 소풍의 유령처럼 바장이며 따라오는 귀울음
허룽거린다

## 도자기 여인

 당신은 깨지지 않는 도자기가 되는 게 목표라고 했네 깨진다면, 천둥번개와 빨간 장대비가 몰아치고 날카로운 비명들이 피를 뿌리며 날개를 펄럭이는 아프리카의 오래된 속담처럼 헤어지자고 했네 나는 사철나무 아래 마네킹으로 변신해 이사 갈 때 두고 가는 장롱처럼 우두커니 서 있으라 했네

 일기장처럼 쉽게 패배하는 거짓말
 도자기로 만든 그믐달이 하나둘 피었다 지고 그리고
 시름하는 칠월의 연인들은
 춤을 추고

 모눈종이에 사로잡힌 나의 울음이 바다를 유혹하는 것인데 수줍게 빛나는 블루, 한없이 파란 인민블루 YinMin Blue, 백설의 찬란한 허벅지는 사이렌의 질투를 불러오곤 했네 녹아내리는 연분홍 이파리 속엔 검은 빗줄기가

실연이라는 감정을 흙은 어떻게 번역하는지 어떤 동작으로 슬픔을 걸러내는지 나는 궁금한 것인데 초록 눈동자 감노란 심장을 가진 집단지성을 연구하던 당신은 지금 어디쯤 녹아 흐를까

금이 간 얼굴에 금박을 입혀 줄게, 당신이 아끼던 모든 것들의 미소를 당신의 갈라진 웃음마다 덧칠해 줄게 속이 꽉 찬 풍선이 되어 줄게 깨지기 전에 붕괴되는 마지막 곡선이 되어 줄게

한 번 깨진 사랑이 또 깨진다고 슬퍼할 이유야 없잖아 묘지기가 몰아붙이기 전에는 작은 비취색 관에 홍수가 나기 전에는

가망 없는 내일이 또 밀려오는 것인데

당신이 사랑할 때 내 귀는 숨을 죽이지
가마터에는 무릎이 활활 타오르고

줄을 서는 애벌구이들
다정한 혈관이 부풀어 오르고
시간은 멀고

마침내 나는 사랑도 없이
깨지지 않는 여인을 낳았네

## 조왕

설거지는 체념의 자세로부터 나온다
꼬리에 꼬리를 무는 해우소의 염주처럼

  오병이어로 5천 명이 먹고 남았을 때 갈릴리의 누군가는 찌꺼기를 모아 치웠고
  3만 왜군에 맞선 진주성의 열혈백성 누군가는 가마솥을 헹구었고
  1만 4천 명을 태우고 흥남부두를 떠나온 배 안에서도 누군가는 냄비를 닦았으리니
  역사는 부엌의 행간을 기록하지 않을 뿐, 먹고 떠난 자리는 누구로 인해 아름다운가

  혼돈과 질서를 버무려 새로운 감칠맛을 낳는 카오스모제
  열매만 보지 말고 흙을 보라 했다
  잔반 처리를 넘어 생명 순환의 맥락을 이해하는 일
  레몬 향 가득한 식도락을 배후에서 조율하는 일

앞치마 휘날리며

직진 반사 굴절로 어둠을 몰아붙였던 야전의 시대는 가고
우뭇가사리보다 느리게 젖은 도마 위를 활보하는 내수용 근육들아 좌우로 정렬의 달인들아
쪽창 밖 구름 너머 덜 닦인 접시 하나 응응 뜨고
거리엔 뿔난 입들과 반성 없이 허허로운 목들, 끊어진 섬들
은하철도를 타고 퇴근하는 아내의 손엔 마미손 할인 패키지 묶음이

서풍이 붐비어 팔뚝의 김칫물을 지우고 간다
그럼에도 불구하고 세상의 모든 설거지는 반야정관이다

레인지 후드의 찌든 때로 탱화를 그릴 참이면 바라밀이 지천이다

안거낙업을 실천하는 익명의 비구, 리필 용기에 퐁퐁을 욮욮 채운다

안산 자락
수세미의 물기가 마르고 있다

# 해류병

꿈속에 작은 당신
유빙처럼 하염없어도
나는 오래된 바다에서 파도를 허물고 있다

일어선 적 없어도 매일매일 넘어진 채
어제를 받아쓰는 나는 난파선이다

쉼표처럼 편지 한 장 놓고 떠나온 지 몇 해
고향 뜰 우묵한 달빛 아래 소녀는 여전히 새침할까

한 뼘의 사랑을 위해 세상의 모든 정원을 당신의 무릎 아래로 입양하겠다던
그런 다짐을 숨 쉬듯 내뱉던
내게도 눈부신 자해가 있었다

참 오랜만에 안쪽
나는 풀보다 식물답고
섬보다 혼자이니

술잔에 밤이 기울고
초침은 물소릴 엿듣고

나는 수면이 멍들도록 돌을 던지며 눈을 감고 걸었다

꿈속에 당신을 두고 올까 봐

# 개닛

생사를 가르는 수직이다

시속 백 킬로미터의 다이빙은 배워서 나오는 자세가
아니다
미사일보다 먼저 미사일답다

눈물의 국경 너머로 몰아붙인 굳은살
겹치는 마디마디 안 아픈 날이 없다

한 번의 실수로 부러지는 사소한 목
조각배 일렁이며 달력에 유언을 새긴다

TV와 소파를 짊어진 아버지
보청기 볼륨을 조정하는 무표정한 잠수
옛 너울의 저편으로 툭툭 지우고

묽은 저녁놀
돌연 홍시막걸리 한 사발에 빠져들 무렵, 언뜻

숙명처럼 가족을 얼굴에 새긴
개닛 닮은 아버지
글썽거리다

날아가신다

# 늙숨

단추라는 생각 뒤에는
구멍이라는 생각이 있었네

구멍은 그냥 이름일 뿐이지만
저를 둘러싼 살붙이들 덕분에 제 얼굴이
응혈처럼 값으로 드러나는 것
쓸모가 드나들도록 몸을 줄였다 늘였다
밥상의 배꼽선을 잡아 주는 일

지나고 보니
아버지와 어머니가 구멍임을 알았네
이제는 내가 두 아이의 구멍임을 알았네
있음에서 없음으로 맺어지는 황홀한 중첩
늙은 구멍에 차오르는 허물의 질량을 알았네

은하를 키우는 검은 구멍의
무심無心을 알았네

단추 하나 뚝,
떨어지자
구멍이 눈을 감네

## 사랑思量

너는 가고

글자가 글자를 물고 입술과 입술 사이를 지나는데

다친 글자들이 서로의 허리와 팔다리를 그러쥐고 안간힘으로 폐허를 전하려 할 때

허공의 끝에서 차츰 어두워진 자음 두엇과 긴 행군에 지친 늙은 모음 서넛이 뒹굴고 엉기다가 약속에서 이탈하는 불상자들,
이윽고 우수수수

볼그족족 쐐기만 수메르의 우표처럼 남아 배달부의 수고를 기억할지도 모를 이국의 봄처녀가 입양한 오월의 작약만큼만 남아
예쁜 것도 슬픈 것도 딱 그만큼만 남아

서풍이 써 준 손 편지에는 울긋불긋 기척만 그윽하여

미라처럼 꽃그늘처럼 허깨비처럼

나는 뒷모습을 남긴 채 휘영청
너에게 가고

## 끝과 미안


폐허를 만들어 팔았다

빈 새장 하나 얻는 일이었다

모서리의 가장자리 그 뒤에서 헛꽃처럼 울고 있을 때
아이가 계단을 내려왔다

너는 계단을 다 먹어 버리는구나

개미 떼가 훑고 간 해거름
가로등이 부풀고 해변은 유언장을 펼쳐 놓았다

창밖엔 집 나온 동박새, 발코니엔 젖은 이불
너는 끝내 이 세계에 서명하지 않는구나

검게 그을린 식탁은 기울어진 내 발목을 물고 늘어졌지만
지붕으로의 결심은 늘 구두선에 그치고 말았다

제가 옥상으로 가는 문을 팔아 버렸어요

기댈 곳이 제 등밖에 없는 사람은
한번 무언가를 움켜쥐면 절대 놓지 않는다

내 등은 나보다 덜 외로울까

늙어 가는 모든 것은 소리를 지른다

## 아름다운 태풍의 생애주기


일 년이면 서너 번 새색시는 몸살을 앓았다
물지게도 없이 전대도 없이 가진 건 울음주머니

모성이라는 이름의 만병통치약

 큰누이의 라면 상자 안에서 병아리들은 무성했다 삼촌까지 여섯 명이 복작거리던 단칸방은 동물원이자 식물원
 콩나물 물 당번은 막내인 내 몫이었지만, 좋았다 콩나물은 병아리보다 빨리 자랐다
 배흘림기둥처럼 통통해진 작은누이는 남자를 알아갔고 반지하는 콩나물에 유리했다

 정화조 일을 하던 아버지가 떼인 공사 대금 받으러 지방을 떠돌았을 때 어머니는 용오름의 탯줄인 양 비린내 나는 개수통을 부둥켜안았다 세계와 가족 사이에서 허물어지는 담벼락, 손톱 끝에 앙상한 소용돌이 맴돌라치면 통통 부은 당신은 망명 정부의 자객처럼 고방에 숨

어 유서를 쓰기도 했다

  누구나 가슴속에 싹쓸바람 하나쯤 키우며 살지

  흐르는 모든 것은 버림받아서 그 힘은 식물도 동물도 아니면서 식물을 동물을 겸손하게 만들고 장독대 항아리 위에 돌을 얹게 하고 물의 회초리는 죽비처럼 나의 어리광을 깨우는 것이나
  당신은 왜 끝물인가 당신은 왜 고체가 아닌가

  당신의 생이란 태풍 한 사발 같은 것
  세력을 잃고 먼바다로 빠져나가 소멸하는
  가뭇없는 꼬리별 같은 것

  이제 병아리를 키우지도 콩나물 값을 깎지도 않아서 당신은 뜻 모를 통점들이 불러낸 도화선을 타고 좁아진 어깨 틈 너머 자꾸만 뒤돌아본다 어디선가 속옷 삶아지는 습습한 기운, 당신은 약속 뒤에 아무것도 남겨 두지

말기를

  아버지는 바람을 몸에 들이고, 가문 계절은 철 지난 달력처럼 찢기어 가는데
  폭주하던 나의 소싯적에 무슨 여한이 있겠냐마는

  나는 태풍이 그립다

  다 익은 사과를 전부 떨어뜨려도
  만삭의 암소를 수장시켜도
  지구가 물에 떠내려가도

해설

그늘의 계보학
- 사라진 그림자들과 마주하기

김대현(문학평론가)

# 그늘의 계보학
# – 사라진 그림자들과 마주하기

김대현(문학평론가)

*그늘과 그림자는 마주 보았다*
*—「일란성」 中*

1

시집을 펼친 당신은 어떤 기시감을 가질 수 있을 것이다. 시인의 시선은 "쳇물에 빠져 죽어도/지하철에 깔려 죽어도/비닐하우스에서 얼어 죽어도/팔이 잘리고 허리가 부서져도/폭염수당으로 몇백 원을 더 요구해도/부당 해고에 맞서 철탑 위에 올라가도" "눈 하나 깜짝하지 않"(「림보의 연인」)는 방식으로 우리의 삶을 훼손하고 있는 자본의 지배와 그에 수반하는 비참한 노동의 현실을 정면으로 응시하고 있기 때문이다. 자본과 결탁한 권력의 탄압에 저항하며 "제 몸뚱이에 스스로 불을 놓은 강철보다 단단한"(「투사에게」) 어느 철근 노동자의 분신에 대한 추모도 마찬가지다. 우리는 여기서 '노동자는 기계가 아니다'라고 외친 반세기 전 어느 청년 노동자의 죽음을 떠올린다. 시간과 장소는 다르나 사건의 형식은 동일하다. "어제는 스물두 명이 탔는데 오늘은 열아홉이네"(「셔틀」)라는 살아남은 자들의 자조적인 독백처럼 시간의 사이마다 이름 없이 스러져간 수많은 노동자들의 희생도 마찬가지다.

이런 의미에서 김성백의 시는 자본에 내재된 구조적 모순과 이에 꾸준히 저항해온 이른바 노동시들의 계보와 친연성을 가진다. 그렇다면 이 시집을 노동계급의 연대와 투쟁을 통해 노동해방을 성취하자는 기존 노동시의 독법으로 읽어도 좋을 것이다. 하지만 여기에는 모종의 저어함이 있다. 지금은 다소 쇠락한 노동시라는 저항의 양식을 새삼 다시 마주한 생경함이 처음의 것이라면 기존 노동시의 어법을 내부에서 교란하는 낯섦이 그 다음이다. 노동을 착취하는 자본의 본질은 변함이 없지만 그 양상은 분명히 이전의 노동시들이 주목하던 과거와는 다르기 때문이다.

저항의 소실점이 되어야 할 자본의 중핵은 더욱 깊숙한 곳으로 은폐되었으며 노동은 단일한 강철대오로서 집단적 정체성으로 존재하는 것이 아니라 파편화되고 위계화된다. 범주로서의 자본과 노동의 관계는 여전히 대척점에 자리하지만 구성원들은 자기도 모르게 서로의 영역을 넘나들며 서로에 대해 적대를 가진다. "삼류 밑에 물류라 하더라/물류 밑에 불법체류라 하더라"(「아무와 누구의 총파업」)처럼 정규직과 비정규직, 생산 노동과 비물질 노동, 임금 노동과 그림자 노동, 이주 노동과 내국인 노동 등이 각기 다른 조건에서 서로와 대립하고 있는 상황에서 노동(자)계급이라는 지칭은 더 이상 하나의 균질한 실체로 기능하지 못한다. 자본은 더 이상 단일한 억압의 주체가 아니며 '장場'의 형태로 스며들어 범주의 내부에 흐릿한, 하지만 결코 서로를 마주할 수 없는 가림막을 축조함으로써 내부의 적대와 분열을 통해 권력을 작동시킨다. 누구와도 연대의 전선을 구축할 수 없는 교착상태에서 우리는 해법을 어떻게든 찾아보려 하지만 "정말 중요한 것은 보기 중에 없어요"(「보기 중에 없음」)처럼 자본은 능청스럽고 솜씨 좋은 야바위꾼같이 결코 자신의 모순을 수정할 수 있는 정답지를 제시하지 않는다.

김성백의 시가 기존의 노동시와 달리 새로운 분기를 이루는 것도 이 지점이다. 시인은 착취와 저항이라는 단순한 이항대립의 구도를 넘어 미시의 영역에서 홀로 남은 존재의 금이 간 표정에 오랜 시간을 머무른다. 그는 "그늘 속에서 유영하던 밤들"(「시인의 말」) 속에서 "혼자 사랑하다 혼자 사라지는 52헤르츠 고래처럼"(「화정花井」) 각자의 공간에 고립되어 있는 우리 시대 노동과 이를 수행하는 삶들의 양상을 기록한다. 또한 그들이 어떠한 방식으로 은폐되고 소모되어 사라지며 다시 반복되는가를 집요하게 추적하며 '그늘'과 '그림자'라는 비가시적 영역과 우리의 시선에서 누락된 존재들을 구조적으로 제도화하는 세계의 모순 또한 드러낸다.

2

'그늘'은 빛이 도달하지 않는 영역으로 양지에 대응하는 공간이다. 빛은 양지에 자리한 대상에 가시성을 부여하며, 이는 곧 언표 가능한 것으로 전화한다. 하지만 그늘은 다르다. 그늘은 빛의 작용에 따라 양지에 종속되어 후순위로 생성되며 그늘의 거주자들은 존재하되 보이지 않고 보이지 않기에 말할 수 없는 것으로 남는다. "각각의 사회는 저마다의 공간을 생산한다."라는 앙리 르페브르의 언명처럼 모든 공간은 권력작용의 산물이다. 빛은, 그리고 빛으로 표상된 권력은 자신들이 보여주고 싶어하는 것과 그렇지 않은 것을 통제하고 결정한다. 그렇다면 그들은 왜 공간을 생산하고 분할하는가.

> 국어사전은 잘 돌아가는 부위마다 목이란 이름을 붙였다
> 골목은 자본주의자들의 실험실이라서 한번 시작된 검

   사는 멈출 수 없거니와 미끄러지면 저항할 수 없다

   (중략)

   뒷골목은 철거가 유행이다
   어제는 노래방 그제는 분식점 엊그제는 철물점
   오늘은 불에 탄 고시원, 반쯤 타다 만 노트에서 알 수 없는 문자로 가득한 마른 울음을 보았다

   (중략)

   아내의 고향에선 눈이 내린 적 없다던데
   서른일곱이었고 기출문제들이 난무했고
   부러진 나의 손목은 마지막 철거였다
                               —「보건증」 부분

"국어사전"은 대상의 명명을 통해 공간을 구획한다. 제도를 통해 권력화된 이 수행적 언어performativity의 작동에는 분명한 기준이 있다. 오직 "잘 돌아가는 부위"들만이 공간을 통제하고자 하는 그들의 욕망을 자극하는 것이다. 이는 긍정적인 의미를 가지는 것만은 아니다. 실험은 미결정의 가설로서 현실에 적용할 경우 예기하지

않은 위험을 야기할 수 있기에 제한된 공간에서 피해를 최소화하기 위한 장치를 마련하여야 한다. 하지만 이는 비용의 수반을 전제로 한다. "자본주의자들의 실험실"로서 "골목"의 가장 훌륭한 쓰임새는 여기에 있다. 중심이 아닌 주변화된 공간으로서 "골목"은 자본이 양지에서 수행할 수 없는 실험을 윤리적 부담 없이 자행하는 공간이다. 이는 엄격한 규범이 적용되는 가시적 공간과 달리, 완화된 규범이 작용하는 "골목"의 비가시적 장소성에 기인한다. 그래서 "뒷골목"의 존재들은 "어제는 노래방 그제는 분식점 엊그제는 철물점"이 사라지는 것처럼 수시로 자신들의 존재가 소멸되어도 그 비가시성으로 "알 수 없는 문자로 가득한 마른 울음"이 되어 누구에게도 인지 불가능한 언표로 남는다. '그늘'의 영역에서 이들의 소멸을 지켜보는 사람 또한 마찬가지다. 수없이 반복되는 "기출문제들이 난무"함에도 불구하고 그들이 사라지는 이유를 알지 못하는 '나' 또한 "나의 손목은 마지막 철거였다"는 오답으로 수렴한다. 자본은 자신의 실험결과를 아무에게나 공유하지 않는다. 지속되는 실험의 실패에도 어떤 제지도 없이 "실험실"이 운영될 수 있는 까닭이다.

이십 킬로를 내가 다 깔았지 맨주먹으로 깔았지

(중략)

얼마나 더 늙어야 새벽은 우리 편이 될까
베개가 길어질 때마다 아픈 사람들이 공깃돌처럼 모여들었어

(중략)

고속으로 달리다 보면 경계를 잃어버리곤 했어 실선과 점선의 경계, 가는 쪽과 오는 쪽의 경계, 가진 자와 못 가진 자의 경계
이 모든 것이 바퀴의 형식이고
도로는 누워만 있기 때문에 인간적이지

(중략)

빛의 시작은 얼마나 간절하게 시작이 되려고 애쓰는지
그림자의 끝은 얼마나 치열하게 끝에서 벗어나려고 애쓰는지

(중략)

사냥과 도망이 판치는 강북의 검은 혈관
내부순환로에는 휴게소가 없다

외곽순환도로처럼 겉돌던 그였다
제 여자에게 가는 길은 일 미터조차 깔지 못한 채
이십삼 년을 드나들었던 재활 병원을 끊고서야 그는
말했다

(중략)

이십 세기에서 멈춰 버린 그를 놔두고
세계는 앞으로 달려갔다
도로는 세계로 편입되었다
                    —「내부순환로」 부분

"골목"을 잠식한 '그늘'의 영역은 도시의 외곽과 외곽을 연결하는 "내부순환로"로 확장된다. 빛 이전의 시간에 자리하는 "새벽"의 사람들은 "빛의 시작은 얼마나 간절하게 시작이 되려고 애쓰는지/그림자의 끝은 얼마나 치열하게 끝에서 벗어나려고 애쓰는지" 노력하지만 그늘에 구획된 존재들은 결코 스스로의 위치를 결정할 수 없으며 자의로 이동을 선택할 수도 없다. 이곳의 삶은 다른 사람의 길을 깔아주다 "제 여자에게 가는 길은 일 미터조차 깔지 못"하는 삶으로서 누군가의 그늘에 자리한 삶이다. 아무리 오랜 시간을 기다려도 "새벽은" 결코 그들의 편이 아니며, "앉을 자리가 없는 꼭두는 꼭지가 돈다"(「꼭두」)처럼 아무리 몸부림을 치더라도 세계는 그들에게 결코 앉을 자리를 내어주지 않는다. "사냥과 도망이 판치는 강북의 검은 혈관"으로서 '내부순환로'라는 이름처럼 "휴게소"가 없는 이 도로는 도시의 심부로 접근이 거절된 사람들을 대상으로 단 한번도 휴식의 기회를 제공함이 없이 영원히 그 내부에서 서로가 서로를 추적하고 적대하도록 설계된 무한궤도이다. 그 과정에서 탈락한 자들은 "멈춰 버린" 시간에 남겨진 채 다시는 함께하지 못한다. "도로는" 이미 "세계로 편입"된 공간으로서 그들의 실험이 계속될 수 있도록 새로운 소재들을 '세계'에 지속적으로 공급하는 또 다른 그늘의 이름이다.

3

'그늘'의 또 다른 존재 형식은 '그림자'다. 미셸 푸코는 권력의 작동 방식이 누군가를 죽게 만들고 살게 내버려두는 주권 권력에서 누군가를 살게 만들고 죽게 내버려두는, 다시 말해 생명을 관리하고 분류하는 삶 권력으로 이동했다고 말한다. 이론의 복잡성에도 불구하고 결국 중요한 것은 누가 관리되고 누가 방치되는가에 있다. 선택은 어렵지 않다. '그늘'과 마찬가지로 존재의 조건은 가시성이며 그것은 바로 자본과 권력의 결정에 따른다. '그림자'는 '그늘'의 일란성 쌍생아로서 그 비가시성으로 인해 존재의 징표가 부재하는 존재자로 관리 체계에서 배제된 벌거벗은 생명들이다. 이들은 존재가 상실되어도 담론의 대상이 되지 않으며 사회적 애도가 부여되지 않는 존재들이다.

    허공에 기대어 밤이, 간유리 속에서 걸어 나오는 밤이, 왼손잡이 밤이 꽃잎처럼 오고 있다 밤에서 밤으로 흐르는 낮의 부재

    (중략)

    물이 차오르고 공장은 생각한다
    무방비 기계를 비밀에 부쳐야 할까

    (중략)

엉그름 단속에 나선 여리꾼이 처음 보는 아르바이트를 발명하는 밀실에서, 고장 난 작업일지를 프레스 아래 묻고 흐릿한 식욕을 밀어내는 안전 수칙, 이인일조, 그려진 비상 버튼

　　붉은 바람 불어오는 골목에서 타임머신이 헝겊처럼 울고 있다
　　행여 어디쯤 발목 하나 매달려 있지 않을까 서성이며

　　눈물에 잠긴 공장 위로 역광의 아이가 달려간다
　　　　　　　　　　　　　　　　　　—「살고 싶은 아이」 부분

　"공장"의 시간은 "허공"에서, "간유리"에서 또는 "왼손잡이"와 같이 어디서 기인하든 어떤 형식이든 온통 "밤"으로 이루어진다. "밤에서 밤으로 흐르는 낮의 부재"로 인해 공장은 어느 순간에도 빛이 존재하지 않으며 이에 포섭되지 못한 존재들은 모두 '그림자'로 남는다. 그리고 밤은 "골목"과 마찬가지로 수많은 '그림자'들에게 벌어진 수많은 사건들이 은폐되기 위한 최적의 조건이 된다. 노동자들의 안전을 보장하지 않음으로써 그들이 흘린 수많은 눈물에 익사하기 직전의 "무방비 기계"도, 사건을 기재할 사람이 없어 더 이상 기재되지 않는 "고장 난

작업일지"도, 예산을 절감하기 위해 지켜지지 않는 "이인일조"의 수칙과 단지 형식을 갖추기 위해 "그려진" 것으로 언제까지나 작동하지 않는 "비상 버튼"들도 그들의 공범이다. "공장은 멈추지 않아야 공장"(「쪼그려 뛰기」)이다. "규칙을 만든 센터장은 규칙보다 위대"(「새도 복서」)한 것이다. 이 모두가 공모하여 자신을 죽게 내버려두는 것을 알지 못했던 "아이"는 잃어버린 발목을 찾기 위해 자신과 같은 처지의 그림자들이 몰려 있는 "붉은 바람 불어오는 골목에서" "행여 어디쯤 발목 하나 매달려 있지 않을까 서성이며" 어떻게든 이전의 시간으로 돌아가보려 하지만 그것은 결코 돌아갈 수 없는 비가역적 시간이다. 아이는 자신의 삶을 망가뜨린 공장에서 달아나는 형식으로 자신의 존재를 드러내고자 하지만 마지막까지 빛을 정면으로 마주하지 못하는 "역광의 아이"로 남아 얼굴을 가지지 못한다.

> 다른 계절엔 잠자코 있다가
> 벽인 듯 밋밋하게 소화기처럼 얌전하게
> 뒤늦은 한국어를 배우면서
>
> 만지면 바스러질 것 같은 저 숯덩이가 내 자식이라니
> 저 말을 믿어야 할까요

왜 그림자뿐인가요
몸뚱이는 어디에 두었나요

(중략)

숫자놀이를 좋아하는 사무적인 저들은 저승사자 같군요
아랫배에 꽃 한 송이 심어 두고 잠이나 자야겠어요
깨지 않는 긴 선잠을

(중략)

매달 카드값을 걱정하고 끼니마다 목구멍으로 밥이 넘어가는
궁기의 치욕을

막을 수 없었나요
말해 보세요
돌이킬 수 없는 이 형벌을

일하다 죽은 사람은 죽어서도 일을 한다던데
목소리라도 남겨 둘걸

공장은 아무렇지도 않게 다시 돌아갈 테고
비극이 끝난 것처럼 하늘은 화창한데
장마를 몸에 들인 나는

─「일인용」 부분

    조르조 아감벤의 언급대로 '권리는 출생으로 귀속된다.' 문제는 국적, 계급, 인종 등 다양한 출생의 조건이 자의적인 선택이 아니라 구조적으로 결정된다는 점에 있다. 어떻게든 "주소 하나 얻으려고요"(「주소들」)라고 다짐하며 "뒤늦은 한국어를 배우면서" 한국 사회에 편입하고자 했던 이주 노동자도 마찬가지다. 하지만 "나는 배다른 씨족의 아이였다"(「녹슨 풀」)라는 독백처럼 그들은 출생의 시간부터 이미 어떤 공동체에서도 환대받지 못하는 생명, 제도로부터 배제된 생명으로 존재한다. 그러므로 화재 사고로 사망한 이주 노동자 부모의 "왜 그림자뿐인가요"라는 질문은 적합하지 않다. 애초에 그들은 그들을 살게 하는 자본의 시야에 포착되지 않은 존재로서 처음부터 죽도록 내버려진 "그림자"들인 것이다. 그렇다면 "막을 수 없었나요/말해보세요/돌이킬 수 없는 이 형벌을"으로 이어지는 통곡의 항의에 우리가 답할 수 있는 문장 또한 정해져 있다. 막을 수 있지만 막지 않았다는 답이 그렇다. 그림자의 생명은 "영혼을 값으로 환산하는 흥정의 기술"(「소파미륵」)에 의해 언제든지 "숫자놀이"로 치환될 수 있으며 "매달 카드값을 걱정하고 끼니마다 목구멍으로 밥이 넘어가는/궁기의 치욕"을 견뎌야 하는 또 다른 '그림자'들에게 이는 거절할 수 없는 제안이기 때문이다. 그렇게 "공장은 아무렇지도 않게 다시 돌아"가고 "일하다 죽은 사람은 죽어서도 일을" 하며 자본주의의 실험실이 지속될 수 있도록 지탱하는 보이지 않는 그림자가 된다.

4

이처럼 어떤 삶은 애도되고 어떤 삶은 애도되지 않는다. 그림자들이 얼굴을 찾는 것은 그래서 반드시 필요한 작업이다. 에마뉘엘 레비나스의 간곡한 당부처럼 누군가와 얼굴을 맞대고 있다는 것은 그를 죽일 수 없다는 것이며 또한 그를 죽게 내버려 둘 수 없다는 말과 다르지 않기 때문이다. 그림자들이 서로를 찾는 이유다.

> 그림자 없는 소년과 그림자뿐인 소년이 서로를 발굴했다
> 한 겹씩 벗겨낼 때마다 소리를 질렀다

유물처럼 과거에 대해서만 말했다
그해,

두 입술은 더디게 지워졌고
쌍니은을 닮아 갔다
상처는 아무는 게 아니라 노을처럼 저무는 거라고

엎질러진 얼굴을 주워 담으며 우리는
서로에게 앞자리를 양보하듯 무릎을 꿇고서
얘들아, 더 투명해져야지

거울 깊숙이 울음을 파묻는 놀이
아이는 꼬리를 잘라 그늘을 살찌웠다
여름이라는 짐승, 그 서늘한 발작

여름에서 하나씩 버리면
어른이 되지

기다림이 어두울수록 끄트머리가 헐거워지는
그늘의 실패

—「그늘혼」 부분

"그림자 없는 소년과 그림자뿐인 소년"은 존재를 구성하는 필수적 부분이 생래적으로 결핍된 존재들이다. 자신에게 결여된 부분이 서로에게 있다고 생각하는 아이들은 이를 보충하려 하지만 그것은 쉽지 않은 일이다. 아이들의 이야기는 "유물처럼 과거에 대해서만" 말해질 뿐 함께 하는 미래의 모습이 그려지지 않는다. 아무리 "입술"을 맞대고 서로와 결합하려 해도 그들의 모습은 "쌍니은을 닮아"가는 부정교합처럼 공중의 규범으로 승인되지 않는다. 이유는 가늠할 수 있다. 그들은 자신의 결핍을 충족하기 위해 서로의 것을 내어주는 것이 아니라 서로의 것을 가져오고자 한다. 그들이 가진 결핍의 형상은 다르나 이를 충족하고자 하는 욕망의 본질은 다르지 않다. 아이들은 사실 동일한 모양의 블록이다. 아이들이 서로의 충돌로 발생한 "엎질러진 얼굴"을 주워담는 이유도 여기에 있다. 그렇게 서로의 존재를 승인하지 못하고 얼굴을 구성하지 못한 아이들은 "여름에서 하나씩 버리면/어른이 되지"라는 진술처럼 결국 자신의 "꼬리를 잘라 그늘을 살찌"운다. 체념은 불가능한 욕망을 성취하는 유일한 방법이기 때문이다. "어른"이 되는 것은 완성의 표상이 아니라 불완전한 존재들이 "그늘은 그늘일 때 제일 안전해"(「요양원」)라는 생각으로 자신의 존재를 조금씩 잘라 내며 그늘의 규범에 순응하는 과정이다. 얼굴을 찾지 못한 그림자들이 거주하는 그늘은 이런 방식으로 재생산된다.

    손잡이는 잡았던 손을 전부 기억해요

    철봉에 매달린 구백구십구 개의 손가락이 손을 놓을 무렵
    장바구니를 버티는 아흔아홉 개의 손목이 동시에 끊어질 무렵
    맨몸으로 하루를 여닫는 툭 튀어나온 골목 혀가 창백해질 무렵

    달려가는 일보다 뜨거워지는 일보다 열리고 닫히는 일보다
    손을 잡는 일이 더 중요한

    (중략)

    서로의 날씨를 증명하는 심장보다 더 뜨거운 언어
    손가락과 손바닥이 만나는 수련睡蓮의 잠꼬대를 들어보세요

나는 손잡이보다 더 종교에 가까운 말을 알지 못해요
힘겨운 방향을 보듬어 주는 자비
제 몸을 모두의 골격에 맞추어 주는 자비

오른손잡이든 왼손잡이든 양손잡이든 손이 없든
손가락이 네 개든 다섯 개든 여섯 개든 발가락이든
손잡이는 손에게 마중을 나가요
진화의 신은 손보다 손잡이를 더 사랑했기에

(중략)

손이 쥘 수 있는 제일 좋은 것은 손이니까요

나도 누군가에게 손잡이가 되어
함께 흔들리며 함께 여닫으며 함께 버티며 함께 녹슬며
한길을 갈 수 있다면 그럴 수 있다면

(중략)

버림받은 손잡이만 모아 놓은 가게가 있다면 좋을 텐데

손잡이는 손잡이를 잡을 수 없는걸요

　　　　　　　　　　　　　　—「손잡이」 부분


　그렇다면 그늘 속의 그림자들은 서로의 결핍을 영원히 충족하지 못하는 것인가? 여기에 하나의 응답이 있다. "손잡이는 손잡이를 잡을 수 없는" 것처럼 "손잡이"는 능동적 주체로서의 "손"과 다르다. "손잡이"는 오로지 다른 손의 필요에 응답하는 수동의 형식으로 존재한다. "손잡이"의 가장 중요한 일은 "달려가는 일보다 뜨거워지는 일보다 열리고 닫히는 일보다/손을 잡는 일"이다. 또한 "손잡이"는 자신을 필요로 하는 손이 어떤 손이라도 가리지 않는다. 어딘가로 추락하지 않도록 "철봉에 매달린" 손들과 누군가를 먹이기 위해 "장바구니를 버티는" 손들도 마찬가지다. "손잡이"는 그들이 힘이 다해 손을 놓으려 할 때 "심장보다 더 뜨거운 언어"로 그들을 지탱하는 최후의 지지대다. 주목할 것은 "손잡이"의 모양이다. 손잡이는 자신의 형상을 고집하지 않는다. 지금까지 자신을 "잡았던 손을 전부 기억"하는 손잡이는 각자 손의 형상에 맞추어 "힘겨운 방향을 보듬어 주는 자비"와 함께 자신의 몸을 "모두의 골격에 맞추"는 형식으로 자신을 변형시킨다. "구멍은 그냥 이름일 뿐이지만/저를 둘러싼 살붙이들 덕분에 제 얼굴"(「늙숨」)을 생성하는 것도 마찬가지다. 양지는 그늘이 있기에 생성되는 것과 같은 원리다. 그래서 "손잡이"는 자신의 포기를 통해 다른 누군가의 결여를 충족시킬 수 있다. "손가락과 손바닥이 만나는" 불가능한 사건은 이 지점에서 가능해진다. 요컨대 그림자들이 서로에게 승인될 수 있는 형식은 서로의 얼굴을 기억하고 서로의 필요에 자신의 언어를 정지하고 상대의 언어에 귀를 내어주는 환대가 있을 때 가능한 것이다.

## 5

장화가 떠올랐다

그 안에 몸을 송그리고 오랫동안 숨을 참는다
숨이란 안과 밖의 응어리를 녹이는 일

벌을 주기 위해 고안된 물이라는 기계 앞에서

손과 발을 잘라내도 손등과 발바닥이 가려운
둥근 죄

(중략)

어둠의 보늬를 벗겨내는 빛의 징후
이때, 누군가 장화에 올라탄다

방향이 생겼다

세상의 모든 물은 아이가 녹은 물이다
—「잉여숨」부분

「잉여숨」은 어떻게 읽어도 2014년 4월을 떠올릴 수밖에 없는 시다. 그들의 부재의 증거인 "장화" 속에서 우리는 오랫동안 숨을 참는다. 그것은 우리가 구할 수 있음에도 구할 수 없었던, 아니 구하지 않았던 원죄의 증거이기도 하다. 그래서 우리는 우리에게 "벌을 주기 위해 고안된 물이라는 기계" 앞에서 영원히 그들의 얼굴을 기억해야 하는 책임을 가진다. 시인은 이를 가장 먼저 받아들인 사람이다. 나아가 "세상의 모든 물은 아이가 녹은 물이다"라는 시인의 단언은 단지 사회적 참사로 인한 비극만을 지시하는 것이 아니다. 이는 시대를 경유하며 그늘 속에서 익사해온 수많은 아이들, 노동자들, 소수자들의 삶의 집합이다. "물"은 존재의 근원이 아니라 그들의 소멸 이후의 흔적이며 세계는 그 흔적 위에 건설된 것이다. 그래서 시인은 "끝내 이 세계에 서명하지 않"

(「끝과 미안」)는 방식으로 그들의 부재를 영원히 승인하지 않는다.

『그늘혼』은 이처럼 "침묵을 견디는 것 말고는"(「창문 도둑」) 아무것도 하지 못하고 사라진 얼굴 없는 그림자들의 삶을 비가시의 영역에서 끌어내어 기억하고 애도하는 시집이다. 그들의 사라짐은 단순한 부재의 표지가 아니라 우리 시대의 치부를 드러내는 증언이다. 시집은 죽어야 끝나는, 아니 죽어도 끝나지 않는 노동자들의 고통과 사회적 참사로 희생된 사람들, 자본과 권력의 기획을 통해 누락된 존재들의 삶을 조명하며 그늘의 생성과 확장, 재생산의 구조를 탐색한다. 그리고 그 탐색의 형식은 "다친 글자들이 서로의 허리와 팔다리를 그러쥐고 안간힘으로 폐허를 전하려"(「사량思量」)하는 형식이다. 누군가의 통증을 전하는 방식은 그에 상응하는 처절한 언어의 형식이어야 하는 것이다. 이는 견딜 수 없는 고통에도 불구하고 그늘 속에서 지워져가는 그림자들이 서로의 얼굴을 찾아내고 서로를 환대하고자 하는 시인의 시론이기도 하다.

그늘흔

2025년 6월 9일 1판 1쇄 펴냄

| | |
|---|---|
| 지은이 | 김성백 |
| 펴낸이 | 김성규 |
| 편집 | 조혜주 최주연 |
| 디자인 | 신혜연 |
| 펴낸곳 | 걷는사람 |
| 주소 | 경기도 용인시 기흥구 동백중앙로 358-6, 7층 (본사) |
| | 서울 마포구 월드컵로16길 51 서교자이빌 304호 (지사) |
| 전화 | 031 281 2602 / 02 323 2602 |
| 팩스 | 02 323 2603 |
| 등록 | 2016년 11월 18일 제25100-2016-000083호 |

ISBN 979-11-93412-95-4 04810

ISBN 979-11-89128-01-2 (세트)

\* 이 책 내용의 전부 또는 일부를 재사용하려면 반드시 지은이와 출판사의 동의를 얻어야 합니다.
\* 잘못된 책은 교환해 드립니다.